人生を変える

行動科学セルフマネジメント

石田淳

大和書房

プロローグ

「結果が出せる自分」になる

私たちは今、「自己責任」という世界にいます。

そこには多様な価値観があり、真偽のわからない膨大な情報が溢れています。

終身雇用も過去の話となり、大企業に勤めていたとしても、この先どうなるかわかりません。

一方で、同世代に目を向ければ、「ノマド」のように、仕事スタイルを自分で選択するなど個人の働き方にも大きな変化が現れています。

いったい何が正解なのか。

間違った選択で人生を台無しにしたくないけれど、目に見える「リアルな基準」を求めることができないのが現代という時代です。ゆえに、多くの人たちは判断に困り、ときに自分をコントロールできず苦しんでいます。

そうした状況にあって、周囲に流されることなく自分の人生、生き方を見つめ直し、本当に自分に適した居場所を築いていくための**「セルフマネジメント能力」**が欠かせないものとなりました。

「いつも結果を出す自分になりたい」

「ネガティブな考え方を変えて、いつも前向きに生きていきたい」

「(お酒やタバコなどの)悪習慣に依存する自分を変えたい」

このように、自分に対するさまざまな願望を強く抱く人は多いことでしょう。しかしながら、実際にはできていない人がほとんどです。

悪い習慣を改めたり、自分の感情をコントロールしたり、誘惑を断ち切ったりするのは、年収を2倍に増やすよりもはるかに難しいことです。

なぜ人は、自分を思うようにマネジメントできないのでしょう。

大げさなことではなくとも、たとえば人に対してイライラしないとか、ダイエットするとか、タバコをやめるといった、小さな習慣すら身につけることができないのは、なぜなのでしょう。

もしかして、「意志が弱いから」だと思っていませんか?

だとしたら、**その考え自体が、あなたが変わることを邪魔していたのです。**

プロローグ

意志が強ければ、人一倍努力できるし、感情も抑えられるし、ダイエットも禁煙も成功できるのだから、まずはそういう人に変わらなければというのは勘違いです。

だから、これまでずっと変われなかったのです。

ちょっと考えてみてください。意志の強い人間に変わることが、どんな意味があるのでしょう。人間は、誰でももともとさぼりたがり屋です。**そんな自分を許すことなく、いつも厳しく律して我慢していたら、人生がつまらないものになりはしないでしょうか。**

あなたが、何か目的をかなえたいとき、イライラを抑えたいとき、あるいはダイエットや禁煙を成功させたいとき、いったい、どういう状況になればいいのでしょう。

あなたに必要なのは、「目的を達成できた」「イライラを抑えた」「ダイエットした」「禁煙した」という結果であって、「目的を達成できる意志が強い自分に変わる」「イライラを抑えられる意志が強い自分に変わる」「ダイエットや禁煙を成功させる意志が強い自分に変わる」ことではありません。

結果を導き出すのは「行動」しかありません。**どれほど強い意志があろうと行動なきところに結果は生まれません。**逆に意志は弱くても行動すれば結果は出ます。

わかりやすい「行動」にフォーカスすればいいのに、その前に「意志」という極めて不明瞭《めいりょう》で高いハードルを置いてしまっているのが今のあなたです。

私は、「意志なんてどうでもいい」と言いたいのではありません。

ただ、意志に頼るのは効率がいいことでないのは確かです。もともと、人間の意志はあまりアテにならないものなのです。

詳しくは本文に譲りますが、私たち人間には、人間ならではの「思考のクセ」があります。そのクセのために、どうしても悪い方向にものを考えるのが人間であり、それゆえ、「強い意志で物事を正しく運ぶ」などということは苦手中の苦手なのです。

大事なのは結果です。

その結果を導くのは行動だけです。意志は関係ありません。

もちろん、実際にあなたが結果を出せば、それによって自信がついてマインドにもいい影響を与えます。いい結果を前にして、あなたはまるで、自分が意志の強い人間になったような気分になることでしょう。そして、それによって相乗効果も生まれます。

ダイエットに成功できたら、「次は禁煙もできる」と思えるでしょう。「できる」と思えたことはたいてい実現できますから、次々とやり遂げられることが増えていきます。

つまり、本書で目指すのは、「意志が強い自分」に変わるのではなく、**「結果が出せる自分」**に変わることです。

プロローグ

意志の強さで行動を起こせる人になるのではなく、行動が導き出した結果によって意志をコントロールできる人になるということです。

この本を読んでくださった方が、本書で「自分を変える」という概念自体を変えることができたら、こんなに嬉しいことはありません。

そして、一つ約束してください。

あなたが変えたいと思っていることにつながる行動を、簡単なことでいいので「明日から」ではなく**「ページを閉じた瞬間から」**はじめてください。「輪ゴムを手首にする」でも、「アプリをダウンロードする」でもけっこうです。

小さなことでも、実際に行動を起こすことだけが、人生を変える一歩となるのです。

石田　淳

人生を変える
行動科学セルフマネジメント

CONTENTS

第1章

あなたがなかなか変われなかったワケ

第2章
人生を台無しにする習慣をなくす

第3章 思い込みのワナに気づく

第4章

小さな習慣をはじめる

第5章 落とし穴をよける

第6章 自分で自分を認めるために

人生を変える行動科学セルフマネジメント

自分を変化させるたったひとつの方法

第1章

あなたがなかなか変われなかったワケ

意志が弱くても行動は習慣化できる

仕事で成果を上げたい。

スキルアップのための勉強を始めたい。

時間を有効に使えるようになりたい。

魅力的な外見を手に入れたい。

健康を維持できる生活習慣を身につけたい。

私たちは、実にさまざまな願望を抱いています。

しかし、願望を抱いたからといって必ずしも実現できるとは限らないのも事実です。

思うように願望をかなえられなかったとき、人間はしばしば自分に対して投げやりな評価を下します。

「私は本当に意志が弱いから」

「根気がないからやり通せなかった」

「こんな性格だからいつも失敗する」

そして「なりたい自分」と「現実の自分」はどうしてこうも違うのかとギャップに悩む

のです。

気づいたそばから改善していければなんの問題もないのですが、実際はそううまくいきません。うまくいかないからよけいに自分を卑下し、「こんなことをしていたら、いよいよダメだ」と負のスパイラルに陥ってしまう人が大勢います。

このように、「自分は◯◯だからダメ」というレッテルを自らに貼るのは意味のないことです。しかし、意味がないにもかかわらずやっかいなのは、**自分で貼ったレッテルであったとしても、それを剥がすのが非常に困難である**ということです。

こうした事態は、たいていあなたの「思考」がつくっています。実際はダメなことなど一つもないのに、ダメだと判断するのはあなたの頭なのです。

私たちの人生において、真の結果を導き出すのは「行動」だけです。その行動をとらずにいて、頭の中で「もっと意志を強く持たねば」などと、意味のないことを繰り返してしまうのが人間の特徴です。

仕事にしろ私生活にしろ、さまざまな物事を成功させるのは「意志」ではなく「行動」です。行動変容、つまり行動を変えていくことこそが、あらゆる事態を変えていきます。

今では、車の助手席に乗ったら誰でもシートベルトを締めます。タクシーの後部座席でも、アナウンスされなくても自発的に締める客が増えています。しかし、一昔前は、運転する本人でさえ「わずらわしいから」と締めない人が大半でした。

それが、装着義務が法令化されて嫌々ながらでも「締める」という行動をとっているうちに、運転手はもちろん、助手席でも後部座席でも締める習慣がついてきました。

「車に乗ったことがない人」など、日本では見つけるのが難しいはずです。つまり、シートベルトを締めるという面倒くさい習慣は、誰でも身につけられたということです。もちろん「意志が弱い」と嘆く人にも、です。

「マシュマロ実験」でわかった成功者の特徴

アメリカのスタンフォード大学で、心理学者ウォルター・ミシェルが行った有名な実験があります。「マシュマロ実験」と名づけられたその実験では、同大学の付属幼稚園に通う4歳児を対象に、「目の前に置かれたマシュマロを食べずに我慢できるかどうか」が試されました。

4歳児を一人ずつ小さな部屋に招いてマシュマロを1個、目の前に置き、実験者がこう告げることから始まります。

「このマシュマロを今すぐ食べてもいいけれど、15分間食べるのを待つことができたらもう1個マシュマロをあげましょう」

「途中で食べたくなったらベルを鳴らせば食べることができます。でも、15分たっていなかったら、もう1個のマシュマロはもらえません」

説明が終わると実験者は部屋を出て4歳児を一人にし、その子の行動は隠しカメラで撮影されます。

子どもたちは自制心を働かせるため、自分なりにさまざまな工夫をしました。マシュマロが見えないように手で目を覆う子、おさげの髪をいじって気をそらそうとする子、マシュマロを人形に見立てて遊び始める子など、その戦略はバラエティーに富んでいます。

結局、子どもたちがマシュマロを食べることを待てたのは平均2分間。なかには、実験者が部屋を出た直後に、ベルを鳴らすことなくマシュマロを食べてしまった子どももいました。15分後まで「満足を遅延させること」に成功してマシュマロを2個もらえたのは、参加した4歳児のうち25パーセントでした。

さて、この実験はこれで終わりではありません。

12年後、ミシェルはマシュマロ実験の被験者約600人に対して、追跡調査のためのアンケートを実施しました。

その結果、まったく待つことができなかったり、30秒以内にベルを鳴らした子どもたちは、学校や家庭で問題行動を起こしていたり、心理的な問題を抱えていることがわかりました。

反対に、15分待てた子どもたちは、対人能力に優れ、難局を乗り切る力もついていました。学力面も優秀で、ＳＡＴ（日本のセンター試験に相当する大学進学適性試験）のスコアが、30秒以下しか待てなかった子どもたちより平均して２１０点も高いことが判明したのです。

この実験結果から見えてくるのは、自制心の強弱が、人生におけるさまざまな側面を左右するということです。

「そんなことはわかっている。だから意志を強くしなければいけないんじゃないか」

あなたは、そう思うかもしれません。しかし、４歳児が意志の強さだけで欲望を自制できると思いますか？

子どもたちは、自制心を働かせるためにさまざまな工夫をしていました。その工夫がうまくいった子が、マシュマロを2個もらえたのです。つまり、**「効果的な行動をとれていたかどうか」が結果を変えた**だけのことです。そして、いい行動をとる工夫をできることが、長きにわたって意志のコントロールを可能にしているということです。

もう一つ、**「割れ窓理論」**について触れておきましょう。

「1枚の窓ガラスを割れたままにしておくと、人々は無言のうちに建物の管理が不行き届きであるというメッセージを感じ取る。そしてゴミのポイ捨ての横行からはじまり、周辺地域の環境と治安が悪化し、ついには大きな犯罪が多発する」

これが、アメリカの心理学者ジョージ・ケリングが提唱した「割れ窓理論」です。

かつてのニューヨーク市長ルドルフ・ジュリアーニ氏がこの理論を応用し、地下鉄の落書きなどを徹底的に取り締まった結果、犯罪件数が大幅に減少したという実話も残っています。

ここでも、大事なのは意志ではないということがわかります。

「みんなで街をきれいにしよう」と、市民の意志に訴えかけても望んだ結果にはなりません。落書きを消したり、壊れた部分を修復したり、捨てられたゴミを拾うという**小さな行動の集積が「いい結果」を招いているの**です。

アメリカで開発された「行動科学マネジメント」とは

思い通りに願望を成就させられないとき、その理由を「意志が弱いから」「根気がないから」「性格に問題があるから」「モチベーションが低いから」などと考えて一人で落ち込むのは、もうやめにしましょう。

必要なのは、「行動」を変えることです。

私は「行動科学マネジメント」という手法を日本のビジネス界に導入し、多くの企業で人材育成や業績向上のためのお手伝いをしています。

行動科学マネジメントは、アメリカで開発された理論です。

そのおおもとは「行動分析学」にあります。行動分析学は、アメリカの心理学者Ｂ・Ｆ・スキナーが興したもので、**抽象的な概念や計測できない要素を徹底的に排除し、判断の基準のすべてを「行動」に置く**というものです。

行動分析学は心理学の一種でありながら、行動自体の研究に徹し、心や脳を研究することをしません。意志や認知も行動の一つであり、別の行動でそれを変えていくことができると考えているからです。

スキナーの唱えた理論の応用研究がアメリカでスタートしたのが1950年。その10年後には政府や企業において用いられるようになりました。

すると、それまで解決の糸口すらつかめなかった難題が次々と片づき、アメリカでは行動分析に基づくマネジメント法が名だたる大企業で取り入れられるようになりました。

その理論を、体系立ててまとめたのが「行動科学マネジメント」です。

自分の経営する会社で従業員のマネジメントに悩んでいた私は、自らの問題解決のためにこの理論を学びにアメリカへ渡りました。そして、その素晴らしいメソッドに感動し、日本へ導入することを決心したのです。

行動科学マネジメントでは、**「すべての結果は行動の蓄積である」**と考えます。いい結果が出たのなら、いい行動が繰り返されたからだし、悪い行動が繰り返されたら悪い結果が出るということです。

だからこそ、「性格」や「態度」ではなく「行動」に着目します。

あなたが何か目標を持ったときに必要なのは、「やる気」でも「真面目さ」でもありません。目標に到達するまでの行動です。

行動科学マネジメントでは、目標に達するために必要な行動を徹底的に分解し、誰にでもできる形にして提言します。だから、**意志や能力と関係なく、どんな人が行っても同**

じように結果が出せ、非常に再現性の高いメソッドとして注目を浴びているわけです。

「人間の認知」は常に事実とズレる

行動科学マネジメントを導入しようと決めたとき、さまざまなビジネスにおいてアメリカを訪問することがあり、必然的にアメリカの成功者との交流が増えてきました。

アメリカという巨大なマーケットで成功している彼らを間近で見ていてわかるのは、**ポジティブな性格やアグレッシブな態度などは、必ずしも成功者の絶対条件ではない**ということです。彼らに共通しているのは、悪い習慣を徹底排除し、いい行動習慣を身につけているといった、むしろ地味なことです。しかも、それらの習慣を意志でコントロールしようとしません。

彼らは、非常に優秀でありながら、自分の気持ちだけで物事をこなすには限界がある。すなわち、「気持ちだけで変わろうなんて無理」ということをわかっています。

あなたは、これまで何度も「今度こそ最後までやり遂げよう」と思っては挫折してきたかもしれません。それは、気持ちでやろうとしていたからです。

実は、何につけ**気持ちでやろうとすればするほど、「認知のゆがみ」という人間ならではのワナにはまります**。あなたは「自分は真実をありのままに認知している」と思っているかもしれませんが、人間の認知はそれほど立派じゃありません。

たとえば、禁煙しようとしている人なら、1日タバコを我慢できたら「自分の意志は強い」と思い込み、その翌日1本吸っただけで「どうしようもなく意志が弱い」と自分を責めたりします。

そして、そこからいろいろなつくり話を始めます。

「こんなだから、仕事も失敗するんだ」

「周りの人たちから、だらしない人間だと軽蔑されているに違いない」

そして、「だから、禁煙なんて試みたってしょうがないさ」となるのです。

こうした認知のゆがみは、人間特有のやっかいなしろもので、人間以外の動物にはありません。私たちは何かにつけ、認知のゆがみによって**事実とは異なった思い込みをしています**。

しかし、落ち着いて考えてみてください。事実はもっとシンプルです。

「1日ずっとタバコを吸わない日があった。その翌日は1本だけ吸った」

ただ、これだけのことです。

あなたがすべきなのは、事実に正しく目を向けて、小さな行動を起こすことです。行動には一つのウソもごまかしもありません。

「ポジティブシンキング」に大きな効果がない理由

かなえたい目的があったり、自分を変えたいと思っている人が、必ずと言っていいほど持ち出すのが「ポジティブシンキング」です。

「自分という人間は、すぐネガティブに捉えるからいけなかったのだ。これからは何事もポジティブシンキングでいかねば……」

なんだか読んでいるだけでネガティブになっていきそうな悲壮感が溢れています。

実は、ポジティブシンキングにも賛否両論あるというのが現状です。かつては欧米を中心にもてはやされたポジティブシンキングですが、現在はそこに潜む大きなマイナス点が明らかになっているのです。

人はそんなにいつもポジティブにいられる生き物ではありません。誰もが弱くてずるいさぼり屋の一面を持っています。だから、**ポジティブシンキングをしようと無理すると**

本音と乖離《かいり》が起き、精神面に問題を起こすケースが出てきたのです。

あえて「ポジティブシンキングをしよう」と思うのは、ネガティブになっている自分を認識しているということです。そういうときは、少なからず心が疲れているのであり、休むことのほうが大事なのです。

風邪をひいて体調が悪いときに、寒中水泳で鍛えようとする人はいません。温かくして眠ることを選ぶはずです。肉体に関してはそういうフォローができるのに、なぜ心にはあえて厳しいことをしようとするのでしょうか。

そもそも、ポジティブシンキングが正しくて、ネガティブシンキングが間違っているというものではありません。どちらも人にもともと備わっている気質にすぎません。それなのに、「ネガティブはいけないからポジティブになるべきだ」と無理な目標設定をすると結局続かず、できない自分を卑下することになります。

ポジティブシンキングが失敗するのは、前提となっている「何でもポジティブにやるのがいい」という決めつけそのものが根拠に乏しく、また**目標自体もただ大きいばかりで具体性に欠けるため、その後の行動を現実的に進めていくことができないからです。**

もちろん、「前向き」なのがいけないわけではありません。その**内容を曖昧なままにしておいてはいけない**ということです。

「この1か月、1日に三つずつ英単語を覚えることができているから、来月からは四つずつに増やしてみよう。できそうな気がする」

こうして自分自身に理解できる明確さや具体性を持てば、行動に移せ、目標は実現していきます。

人は常に行動で判断される

行動科学マネジメントは、エビデンス（科学的根拠）のないものは扱いません。数値にして計測できるものだけを信頼します。結果や行動は明確に目で見ることができ、計測可能です。しかし、意志とか性格とか態度といったものは曖昧もいいところなので排除します。

私たちが誰かに対して、「あの人は頑張っている」とか「立派で尊敬できる人だ」などと言うとき、いったい何を根拠に判断しているのでしょう。性格でしょうか？　態度でしょうか？　いいえ、目に見える行動しかありません。

よほど口の上手な詐欺師なら、やってもいないことをやったかのように言って、多くの人をだますことができるかもしれません。しかし、それとて早晩バレます。**行動しなければ結果は出ないからです。**

たとえば、500個のレンガを積み上げて塀をつくるという仕事があったとき。着実に一つひとつ積み上げて完成させた人は、周囲から「よくやった」と評価されます。一方、100個の段階で放り出しておきながら、「やる気はあるんだ」といくら言っても通用しません。

「あの人は、言っていることとやっていることが違う」という声を聞くことがよくありますが、このとき、人がどちらを信用するかといったら、言っていることではなく「やっていること」すなわち行動です。目に見える行動ほど信頼に値するものはありません。

このように、**周囲の人があなたについて注目しているのは行動であり、意志ではありません。**

たしかに、「前向き思考で意志の強い人」は尊敬されるでしょう。しかし、それは意志が強いから尊敬されるのではなく、その人がとっている行動を見て、「あれだけのことをやれるのだから意志が強いに違いない」と勝手に周囲が想像しているだけです。誰も、その人の意志について知ることなどできません。

500個のレンガを最後まで積み上げることができた人は、意志が強いのではなくその行動を繰り返すための工夫ができているだけです。レンガを積み上げるという作業は、誰にとっても面倒くさいのです。

もう一度、確認しておきましょう。あなたが周囲に示すべきは、意志の強さではありません。意志の強さなど、自分に対してすら示す必要はありません。**あなたは結果を出せばいいのです。そして、そのために必要なのは行動です。**

「先行条件」だけでは続かない

やめられない悪習慣の代表的なものである、「タバコを吸う」という行動について考えてみましょう。禁煙したい人は、こんな行動はとりたくないのにとってしまうわけです。そして、「意志が弱いから吸ってしまった」と自分を低く評価します。

しかし、喫煙者がタバコを吸うのは「タバコを吸う」という行動をとると、「おいしいと感じる」「リラックスする」などのいい結果が待ち受けていることを知っているからです。もし、吸ったとたんに鼻に激痛が走ったり、ひどい吐き気に襲われるという悪い結果が待っていることがわかっていたら吸いません。

ではここで、メガネをかけている人に質問しましょう。あなたは、なぜメガネをかけているのですか？

おそらく、多くの人が「目が悪いからですよ」と答えるでしょう。でもそれは正しくなくて、本当は「メガネをかけるとよく見えるからかけている」のです。メガネをかけてもよく見えなければ、わずらわしいだけですから外してしまうでしょう。

このような、人の行動と結果の関係について、行動科学マネジメントでは「ＡＢＣモデル」という概念で説明しています。

A＝Antecedent（先行条件）
B＝Behavior（行動）
C＝Consequence（結果）

先行条件とは、行動のきっかけとなる環境のことを指します。会議が終わった（だから一服しよう）、視力が落ちた（だからメガネをかけよう）といったことです。

ほかにも、会社で上司から「企画を出せ」と言われた（だから提出しよう）とか、友人に「お菓子をどうぞ」とすすめられた（だから食べよう）とかいうのも先行条件です。

そして、「出せと言われたから企画を出した」のも、「すすめられたからお菓子を食べた」のも一つの行動です。このように、人に行動を促すには先行条件も必要ではありません。しかし、**先行条件だけでは、その行動を何度も繰り返すには弱いのです。**

企画を出したのに通してもらえなかったとか、食べたお菓子がまずかったという悪い結果があれば、人はその行動を好んで繰り返しません。しかし、出した企画を褒められたり、お菓子がおいしかったというい結果があれば、自発的に行動を繰り返します。まさに、スキナーの言うとおり**「行動はその結果によって影響を受ける」**のです。

目先の利益に左右されるのが人間

さて、結果と行動の関係について、もう少し説明をしていきましょう。

「タバコを吸う」という行動は、「おいしいと感じる」「リラックスする」などのいい結果が待ち受けているからとるのだと前述しました。

しかし、ここで疑問を感じる人もいるでしょう。「タバコを吸うことで得られる結果はいいことばかりではない」と。

たとえば、肺がんをはじめとする深刻な病気に罹《かか》ったり、歯がヤニで黄色く染まったりという結果を手にすることもあります。こういう結果を避けたいからこそ、禁煙したいと考えるわけです。

しかし、**こうした悪い結果はすぐには出ません**。しかも、必ず出るとは限りません。喫煙者にも長生きする人はたくさんいます。一方、「おいしいと感じる」「リラックスする」という結果は、吸った後すぐに確実に得られます。

このように**人は、後からの不確実な結果ではなく、すぐに確実に得られる結果に大きく行動を左右されるのです**。

ケーキを食べたら体重が増えてしまうと思いながら食べてしまうのも、同様の理由からです。体重が増えるのは数日後のことだし、もしかしたら思ったほど増えないかもしれません。それに対して、「おいしくて満足する」という結果はすぐに確実に得られます。だから食べてしまうのです。

タバコを吸ってしまうのも、ケーキを食べてしまうのも、こうした人間の行動パターンによるものであり、**意志の問題はたいして大きなことではないのです**。

私たちは、いつも自分の意志で行動しているように思っています。しかし、実はそうではありません。**本当に意志のとおりに行動できていたら誰も悩みはしません**。

「途中で投げ出してしまう」

「感情を抑えられない」

「やめたいのにやめられない」

こうした悩みを多くの人が抱いていること自体、**私たちが意志のとおりに生きていないことを証明しています**。そうした頼りない意志を拠り所にして、目標を達成しようとしたり自分を変えようとするなんてナンセンスです。

「自分」のことは理性的に見られない

多くの人は、自分という人間を深く理解していると思っています。「家族や恋人だってわかってくれないことが多いけれど、自分は自分のことをわかっている」と。

しかし、本当にそうでしょうか。

わかったつもりでいても、人は意外と自分を知らないものです。むしろ、周囲の人たちのほうが、その人を正しく理解していることが多々あります。とくに、最近の若者にその傾向が顕著であると、ある大学教授は述べています。

たとえば、どう見てもオタクっぽい大学生が就職試験の面接で「友人が多くてリーダーシップには自信があります」とアピールし、玉砕して帰ってくるのだそうです。それくらいなら、自分の得意分野についてオタク全開で説明すれば、一つの能力として評価されるかもしれないのに。

教授は最初、「友人が多いフリをしたほうが有利だと考えてのことだろう」と思っていたけれど、実は「本当に自分をわかっていないのだ」と気づき、愕然《がくぜん》とすることが増えたそうです。

もっとも、こうしたことは若者に限りません。会社で立派な肩書きを持っている人たちだって、自分への評価が真実と違っていることなどざらにあります。あなたの周囲にもいることでしょう。すごく細かくてネチネチしていることで有名なのに、「オレは気さくなタイプだからな」などと言う人が。

というのも、**人間は認知のゆがみによる間違った思い込みに大きな影響を受けていて、全然、理性的になれていないからです。**

あなたが誰かに対して「あの人、自分のことわかっていないよな」と思うことがあるとしたら、それとまったく同じことがあなたにも言えるのです。

誰もがかけている「バイアス」という色眼鏡

ある事実を目の前にしたとき、人はそれをあるがままに受け入れるわけではありません。どんな人でも、心理的な「バイアス」をかけてジャッジしてから受け入れています。**バイアスは、心理学では偏見、先入観と言い表します。**もとは「布目に対して斜めに裁断した布地」「縫い目や裁ち目の斜線」を指す言葉でしたが、直線的なものを斜めに分ける様子から、「偏った見方」という意味でも使われるようになりました。

たとえば、目の前で誰かが転んだとき。その人は、ただ何かにつまずいただけのことであっても、見ているほうは、その人の外見一つで簡単にバイアスをかけます。

「あんなだらしない格好しているくらいだから、酔っぱらっているのでは？」

「ずいぶんやせているし、悩みがあって考え事をしていたのかも」

「かわいい子なのに。誰かが後ろから押したんじゃないのか」

どれもこれも、勝手なバイアスです。それぞれが違った色眼鏡をかけて見ているに過ぎません。でも、自分が色眼鏡をかけていることに私たちは気づきません。

いかに、人間の思考にはバイアスがかかっていることか……それは、「金銭」という本来であれば最も理性的に対処しなければならない分野においてすら幅をきかせています。

たとえば、近所のスーパーA店とB店に、120円の同じカップラーメンが売られていたとしましょう。

A店のカップラーメンの値札には「定価150円が120円に！」と書かれています。

B店のカップラーメンは、値札に「120円」と書いてあるだけです。

このとき、どちらのカップラーメンに得な印象を持つでしょうか。おそらく多くの人が、「A店のカップラーメンのほうが得」と感じます。

これが人間の心のバイアスです。A店のカップラーメンもB店のカップラーメンも、当然ながら値段も内容もまったく同じなのに、です。

こうした人間心理を見事に説明している、**「行動経済学」**という学問があります。

2002年には、アメリカの心理学者であり行動経済学者のダニエル・カーネマン教授が、認知心理学によって経済学に新しい見地をもたらした功績により、ノーベル経済学賞を受賞しました。

人が理性を失うとき

行動経済学とは、経済活動がいかに人の心の動きと連動しているかに着目し、心理的な見地から経済を捉えようとする学問です。人間の心のバイアスを解明し、経済現象を解き明かすことに主眼を置いています。

そんな行動経済学理論を参考に、これからいくつかテストをしてみましょう。

あなたの思考に、いかにバイアスがかかっているかがわかるはずです。

設問①　あなたは今日100万円もらうのと、明日101万円もらうのとでは、どちらを選びますか？

設問②　あなたは1年後に100万円をもらうのと、1年と1日後に101万円をもらうのとでは、どちらを選びますか？

いかがでしょうか。実は、設問①では多くの人が「今日の100万円」を選びます。一方、設問②では多くの人が「1年と1日後の101万円」を選びます。

この結果に疑問を感じませんか？

ポイントは、どちらも1日待ったほうが利益が大きくなることです。それにもかかわらず、設問①では「今日の100万円」を、設問②では「1年と1日後の101万円」を選ぶという ちぐはぐな結果になりがちなのです。

本当だったら、たった1日待つだけで1万円増えるなら、どちらも「101万円」になるほうを選べばいいのです。

実際に、まだ先の来年のこととなると落ち着いて考えられるので、それを選べます。ところが、今日か明日かというような目の前のことになると理性的でなくなり、多くの人が「一刻も早くお金を受け取ってしまいたい」とばかりに、1万円の差には目をつむってしまうのです。

まるで、二つのマシュマロをゲットできなかった4歳児と同じようではありませんか。常に冷静で合理的な判断ができていれば、このようなことは起こらないはずです。

次のテストに移りましょう。

あなたは、ずっと欲しかった5万円のバッグをボーナスでやっと手に入れました。すると翌日、あなたの姉がまったく同じバッグをプレゼントしてくれました。別の店のセールで2万円で売られているのを目にし、あなたが欲しがっているのを知っていたので買ってくれたのだそうです。

同じバッグを二つ持っていても仕方ないので、一つは弟にあげようと思います。さて、あなたはどちらのバッグをあげますか？

①5万円で自分で買ったバッグ

②姉がセールで2万円で買ってくれたバッグ

③どちらでもいい

自分で買ったバッグも姉が買ってくれたバッグも、品物自体はまったく同じですから、理性的に考えれば「どちらでもいい」という答えが導かれるはずです。でも、「手放すなら姉がくれた2万円のバッグのほうだ」と感じた人が少なからずいることでしょう。

それは、「自分で5万円も出して買ったバッグをあげるのは悔しい」という気持ちもあるでしょうし、あるいは「3万円も安く売られていたバッグなんか見たくない」と感じたからかもしれません。

いずれにしろ、「5万円出してバッグを買った自分の行為は失敗ではなかった」と思いたいのです。

「損失」に敏感になる心理が「可能性」を捨てさせる

ノーベル経済学賞を受賞した行動経済学者カーネマン教授は、**「人は損失に敏感になると、大きな利益を得られる高い可能性を捨てても確実な利益を選ぶ」**と言っています。

また、**「人は利益を受ける場合はリスクを避けようとし、損失をこうむる場合はリスクをとろうとする」**とも。これはどういうことなのでしょうか。

あなたが、株の売買を検討しているとしましょう。

持ち株の中で値下がりしている株と値上がりしている株を今後どう売買するか検討する場合、まさに前掲の定義が当てはまる判断を下しがちになります。

すなわち、「値下がりしている株はずっと持っていればお金を取り返せるかもしれないので持ち続け」「値上がりしている株はすぐに売って利益を確保する」という行動をとりやすいのです。

株式売買の基本原則は、「損切りは早く、利食いは慎重に」です。ところが不思議なことに、値下がりしている株を売って損失を確定するより、値上がりしている株を売って利益を手にするほうを好む人が大多数です。

多くの人にとって、かように**「損失を確定する」のは心理的に大きな苦痛**なのです。

たしかに、値下がりしている株は、売らない限り損失は確定しません。１００万円で買った株が70万円に値下がりしていても、それを売らずに持っていれば確定しません。それどころか、「値下がりしている株を持ち続ければ、いずれまた値上がりして利益を取り返すチャンスが来るかも」という都合のいい幻想を抱くこともできます。そうこうしているうちに、その株は、50万円になり、30万円になっていきます。

一方、得を確定するのは楽しい作業です。

１００万円で買った株が１１０万円になったら、もっと上がる可能性があります。だからすぐに売らないほうがいいのに、多くの人は売ってしまい、「やった。儲かった」と感じることを選びます。

こんなことをしているから、ほとんどの個人投資家は儲けることができないわけです。しかし同時に、ほとんどの個人投資家は「自分はそうではない」と思っています。「ほかの連中はみんなダメパターンに陥っているけど、オレは違う」と。

本当にそうでしょうか？

あなたの周りに株式投資をしている人がいるなら、よく観察してみてください。きっとカーネマン教授が指摘しているとおりになっているはずです。

失敗の恐怖はなくならない

人が損を確定したくないのは、「自分の失敗を認めたくない」ということでもあります。それだけ私たちは、失敗することを恐れています。

そのことを確かめるために、もう一つ、テストをしてみましょう。

ある鉄道会社では、莫大な費用をかけて、路線を隣町まで延長する工事を進めていました。ところがある日、その路線は隣町まで延長しても採算をとるのが難しいと判明しました。もし、あなたがこの鉄道会社の社長だったら、どんな指示を出しますか？

①延長工事を続ける
②延長工事を中止する

一読者として客観的なスタンスでいれば、「中止する」という答えを選ぶでしょう。でも、もし本当に社長だったら「続ける」を選んでしまうケースが多いのです。

昨今、さまざまな公共事業に対して、存続か中止かの議論がなされることが増えました。国土面積が限られた日本で空港をたくさんつくっても、採算がとれないのは明確です。だとしたら、一刻も早く中止の決定を下すのが最も損が少なくなる道です。

しかし、**継続する意味がないとわかっていても、それまで投入した費用の大きさにとらわれると中止することが難しくなります**。支出金額が無駄になる、すなわち失敗したことを認めるのは嫌だという理由で、採算の合わない事業を続行するケースが少なからずあるのです。

行動経済学では、**「支出した費用のうち、回収不能な費用」のことを「サンクコスト」と呼びます**。サンクコストは、この質問のような事業に関することだけでなく、私たちのあらゆる行動において心理的影響を及ぼし、さまざまな判断の妨げになります。

たとえば、口のうまい友人に「いい儲け話がある。100万円出してくれたら130万円にして返す」と言われて乗ってしまったとしましょう。おそらく、こんな話はデタラメに決まっていて、130万円になるどころか、100万円も返ってきません。「返してくれよ」と迫るあなたに、相手は言います。

「あと10万円あればうまくいくんだ。だからあと10万円出してくれないか」

これに応じたら110万円の損になるだけなのに、サンクコストを取り戻せるのではないかという淡い期待のために、多くの人が追加で10万円を出してしまうのです。

お金だけでなく、時間にもサンクコストの概念は当てはまります。

結婚を前提に20代からつき合っていた彼氏が、ウソつきの浪費家だということに薄々気づいてはいたけれど、35歳になって明確に思い知らされたとしましょう。その彼氏とは一刻も早く別れて新しい出会いを探したほうがいいのですが、「これまでつき合ってきた時間」を無駄にしたくなくてずるずるつき合いを続けてしまう女性はたくさんいます。

人間は、「できるだけ失敗を避けたい」と考えて行動します。それ自体は悪いことではありません。ある程度プライドを持ち、「自分ほどの人間がくだらない失敗をするわけにはいかない」という意識のもとに行動するほうが、「失敗しようが、そのせいで立場が危うくなろうがどうでもいい」と投げやりに行動するよりもいいと考えるのは当然です。

しかし、それは失敗が起きる前の話です。**現実には、すでに起きてしまった失敗は早く見据えたほうがいいのです。**

「本当はこうあって欲しかった」という思いに固執せず、今後に目を向けて行動したほうがいい結果が生まれやすくなるでしょう。失敗は、次の行動をよりよくするための材料と考えるほうが、はるかに合理的です。

自分の「認知のゆがみ」を知るには

人間は、自分で思っているほど理性的ではありません。

「なぜ自分はこんなダメな行動をしてしまうんだろう」

「もっと頑張りたいのにどうしてできないんだろう」

こんな思いに苛《さいな》まれたとき、それは自分の意志の弱さや性格のせいではないことを知ってください。**多くの人が陥る自己否定は、現実のものではありません。**

こうした、現実とは違う認識が「認知のゆがみ」です。

では、あなたの認知をゆがませる真犯人は何なのでしょう。それこそ、ほかの動物にはなく人間だけに起きる現象、**「マインドトーク（自動思考）」**です。

マインドトークとは、人の頭の中に、無意識のうちに流れている言葉のことです。私たちの頭の中には、目の前に起きていることとは関係のない言葉が絶えず流れています。その数、1日に7万回とも言われています。

はっきり言葉として認識できるものも、そうでないものもありますが、たいていがネガティブなものです。あなたの頭の中には、ネガティブな言葉が1日7万回も行き交っているわけです。

このマインドトークによって、私たちは認知をゆがめ、勝手な思い込みや妄想にとらわれていきます。そして、バイアスのかかった色眼鏡で物事を見、判断します。

たとえば、近所の人が道ですれ違ったのに挨拶をしてくれなかったとき。その人は、単純に気づかなかっただけなのに、あなたは妄想を膨らませます。

「○○さん、私を嫌っているのかも。そういえば先月だって……」

あるいは、仕事でちょっとしたミスをすればこう思い込みます。

「ああまたやった。こんなミスをするのはオレだけだ」

理性的に考えれば、誰もが同じようなミスをしているのに、勝手に現実とは違うストーリーをつくりあげてしまうのです。

マインドトークによって引き起こされる認知のゆがみには、いくつかの代表的なパターンがあります。

「自分は嫌われている」

「みんなが自分をバカにしている」

「自分には運がない」

「どうせ自分はダメだ」

「また失敗するに違いない」

でも、これらは全部、事実ではありません。それなのに、**事実ではないことを事実であるかのように思い込むことによって、さまざまな不都合が起きます。**

イライラを抑えることができずに人に怒鳴り散らしてしまうのは「バカにされている」と感じるからだし、禁煙やダイエットが続かないのは「自分はダメだ」と決めてかかっているからです。

人は自分が思うほど「個性的」ではない

これまで述べてきたことからわかるのは、**人は自分が考えているほど個性的ではなく、同じようなパターンに陥りやすい**ということです。

あなたは、さまざまな理由から「自分を変えたい」と思い、なかなかそれができずに苦しんでいます。それは、あなた個人の問題のようでいて、実はすべての人間の問題でもあります。

ケーキを食べないほうがいいとわかっていながら目先の満足のために食べてしまったり、一刻も早く売らなければならない値下がり株を売ることができなかったりと、誰もが人間ならではの行動パターンを踏襲して生きているのです。

私たちは日々の仕事や学習において、できるだけ論理的思考や客観性に基づいて行動しようと思っています。そして、そうしたトレーニングを行ってきたつもりでいます。

その場の状況を正しく判断し、やらなければならないことをいくつか設定する。そして、その中でまず最初に何をすべきか、優先順位をつけて実際に行動に移す。うまくいかないことがあれば、その原因を考えて的確に対処する。

このような手順で物事を進めようとします。

しかし、実際はどうでしょう。あなたはいつも論理的に考え、行動できていますか？答えが完璧に「ＹＥＳ」の人は少数でしょう。

人のとる行動は、案外論理的ではないのです。

人が論理的に行動できない理由は大きく分けて二つあります。これまで説明してきたことを思い返してください。

一つ目の理由は、**人の行動は意志ではなく結果に左右される**ということ。

禁煙したほうがいいとわかっていてもできないのは、意志が弱いからではなく、タバコを吸ったときすぐに確実に得られる結果（この場合は快感）が大きな力を持っているからです。

もう一つの理由は、**人間は感情を持つ生き物であり、行動は感情に影響を受ける**ということ。つまり、「認知のゆがみ」があるからです。

気になる異性がいて自分を好きになってもらいたいときには、合理的に考えればできるだけ好感を持てる態度で接するべきです。それしか方法はないとも言えます。ところが、多くの人が、わざと相手の気に障《さわ》ることをしたり、つんと澄まして通り過ぎたりします。恥ずかしいという感情や、相手に対する勝手な思い込みがそうさせるのです。

「行動」を変化させてこそ「人」は変わる

まったくもって人間は、意志とは違ったことをやってしまうやっかいな生き物だということがわかるでしょう。

こうした「論理的に動けない私たち」が、何かの目標を達成しようとしたり、自分自身を変えようと考えたら、どうすればいいのでしょうか。

相変わらず意志の力で自分をコントロールしようとすれば、失敗を繰り返すだけです。

そうではなく、**認知のゆがみを起こしがちな人間の特性を踏まえたうえで、いい結果につながる行動を科学的にとれるようにすればいいのです。**

それこそが、本書のメソッドです。

あなたが自分の目標を達成しようと思ったとき、理想的な自分に変わりたいと考えたとき、焦点を当てるべきは「行動」です。

行動なら、いい点も悪い点も、改善すべき点も見えます。改善策が功を奏したかどうかもまた、行動を肉眼視することで判断できます。

このように最も重要なのは行動なのですから、**「人間としての意志や感情」に期待しすぎないこと**です。

「オレならできるはず」

「私、頑張らなくちゃ」

こんなふうに自分を追い込むから、うまくいかなかったときに「自分はダメだ」「運がない」などと自己評価を著しく下げてしまうのです。

第2章

人生を台無しにする習慣をなくす

「意志」の力に頼ることをやめる

自分を思うとおりに変えるためには、意志でそれを行おうとしていてはダメなのだということは、理解していただけたと思います。意志は極めて頼りないものであり、大事なのは行動なのです。

行動科学マネジメントでは結果の力をフルに利用し、意志とは関係なく望ましい行動をとっていけるようにします。**どんな大きな目標も、小さな具体的行動の蓄積によってのみ達成できると考えていて、その行動を蓄積できる仕組みをつくるのが行動科学マネジメントです。**

そして、本書ではもう一つの重要な側面、ゆがんでしまっている認知から抜け出すことも取り上げていきます。すなわち、自分をうまくコントロールできないで苦しんでいる状況を、行動によって変えていこうということです。

私がいくら「いい結果を出すためには意志は必要ありません」と声を大にして言ってみても、その人の認知がひどくゆがんでいると、なかなかうまくいきません。

認知がゆがんだ状態で、事実とは違うさまざまな思い込みにとらわれていれば、明確な行動をとるより先に、曖昧な思考をすることに夢中になってしまうからです。そして、**ありもしないストーリーをつくり、その中で自己評価を落としていくことに没頭してしまうからです。**

多くの人は、自分のウイークポイントや、行動の足かせになるような自らの思考の問題点に薄々は気づいています。すぐに弱気になったり、悪い方向へ考えたり、自信を失いやすいといった欠点に気づいています。

そして、できることならそうした思考の問題を直したいと思っています。でも、思ったそばから何度も同じ思考を繰り返してしまうのです。

これはまさに意志によって思考を変えようとしているからです。こんな無理なことをしていたら、ますます認知はゆがんでいきます。

こうした状況から、理性的な方向に自らを立て直すためにも、小さな行動は有効です。

認知のゆがみを正していくために、今注目を浴びているのが「マインドフルネス」という手法です。詳しくは第3章で述べていきますが、**マインドフルネスとは、徹底して「現実」と「今」だけに目を向けている状態のことです。**過去や未来にとらわれずに、目の前にあることを着実にこなしていける心の理想的なあり方です。

このマインドフルネスの状態に自分を置くために役立つのが、身体感覚をとり戻す小さな行動です。事実とは違う思い込みの世界にいってしまっている認知を、身体への刺激によって「現実」と「今」に引き戻すのです。**人間の心と体は相関関係にあり、心の緊急事態は体への働きかけによって大きく軽減されます。**

この章では、しっかりセルフマネジメントをしたいのに、自分を見失ってしまってそれがうまくいかない人たちの事例を取り上げていきます。

そして、対策として**身体感覚を戻す小さな行動**を紹介していきます。

各項目の最後にある対策は、どのパターンにも応用することができます。また、身体感覚を戻すためのこれらの小さな行動は、すべてを必ずやらなければいけないわけではありません。自分に向いていそうなこと、楽しそうだなと思うことを選んで行えばいいのです。しばらく続けると、よけいな思い込みや考え方のクセ、認知のゆがみから抜け出し、現実をあるがままにとらえられるようになるでしょう。

ケース1 衝動的な感情に飲み込まれる

保険関係の企業で中間管理職の立場にあるAさんは、42歳の男性です。

ここ数か月、Aさんが所属する営業所の成績は伸び悩んでいます。そこで、顧客訪問から部下たちが戻ってきた夕方、みんなを会議室に集め、用意しておいた資料やグラフを広げて見せました。

「どう思う、この状況を」

いかに業績が落ち込んでいるかを説明し、部下の士気を高めようと考えたのです。日頃から檄《げき》を飛ばして指導しているメンバーですから、現実を目の当たりにすればもっと頑張るだろうとAさんは予想していました。

ところが、いくら口を酸っぱくして危機感をあおっても、反応が鈍いようです。この状況を打破するための対策を一人ひとりに述べさせましたが、どれも劇的に効果が得られるというものではありません。それどころか、部下たちは厳しい現状すら理解できていないように感じられます。

イライラが募《つの》ったAさんは、持っていた資料で会議机をバンと叩きました。

「とにかく今すぐ実行できて使える策を考えろ。オレが納得できるものが出るまで今日は全員残ってろ」

大声で怒鳴りつけ、その勢いで会議室を飛び出しました。だから部下たちが顔を見合わせて困惑していたことをAさんは知りません。

結局、翌日の夕方にもまた会議をすることになりました。

あくる日もAさんのイライラは頂点のままです。

今日はいつもより早く会社に行って、取引先との打ち合わせの準備をしなければなりません。それというのも、やる気のない部下たちに準備をまかせるわけにはいかないからです。それなのに、そういう日に限って妻は朝食の準備より先に犬の散歩に行ってしまって、なかなか帰ってきません。

「何やってたんだ。オレのメシより犬のほうが大事なのか」

「あら、言ってくれなくちゃわからないわよ。今日は早く出るの？」

「もういいよっ」

朝から不機嫌さ全開で会社に向かいました。

書類整理をしているうちに取引先との約束の時間が迫ってきたため、慌ててタクシーに乗り込み、急いでほしいと告げました。運転手は、言われたとおりに急いで発進しました。しかし、どの道を通るかという確認はしませんでした。

「おい、どこを通っていくつもりなんだよ、確認するのが当たり前だろう」

激情がわき上がり、運転手を大声で怒鳴りつけてしまいました。運転手はびっくりして謝りましたが、Aさんの怒りは収まりません。運転手のネームプレートを覗き込み、捨てぜりふを吐いて途中で下車しました。

「ここで降ろせ。名前を覚えておくよ。本当に不愉快な運転手だな」

急いでいるのに、もう一度タクシーを拾わなければならなくなったAさん。空車を探しているうちに、やっと我に返りました。

「なんかオレ、昨日から怒鳴ってばっかりだ……」

Aさんは八方塞がりになったような気分です。昨日の自分も今日の自分も、ひどくみっともなくて嫌になります。そもそも営業所の成績が伸びないのも自分の指導力や求心力、そして営業力そのものが足りないからだという気もしてきて、いったいどうしたらいいのかわからなくなってしまいました。

▼どうしてこんなことに？

人はみな、「こうありたい」という理想の自分を持っています。本当は誰だって、イライラしているのではなくおおらかな自分を見せたいのです。

だから、激情にかられて怒りを爆発させてしまったとき、そういう自分に困惑し、よけいに感情コントロールができなくなります。本心では「誰でもいいから、この怒りを止めてくれ！」と願いながら。

つまり、人が激情にかられているとき、それは本人が望んでいる場所から勝手に心があちこちに行ってしまっているのです。それをいかに現実と今に引き戻すかということがポイントになってきます。

自分で自分の感情に火をつけてしまうタイプの人に知っておいてほしいのは、**「怒りなどの突発的なマイナス感情は30秒で収まる」**ということです。怒鳴ったりして感情を爆発させる前にわずか30秒をやり過ごせば、事態はまったく変わってきます。その30秒を待たずに感情を勝手なところにいかせてしまうからAさんのようになるのです。

もし、「自分のマイナス感情は30秒どころでは収まらない」という人がいたら、単にそれが習い性になっているだけです。

30秒をやり過ごすための簡単な方法を二つ紹介しましょう。怒りに限らず、不安や嫉妬などあらゆるマイナス感情を抑えるのに有効です。

対策▼〈右手をギュッと握る〉

イライラを感じたら、右手を強く握り締めます。それだけでOKです。

言ってみれば、「そっちに行くな、ここにいろ」という自分への合図です。

突発的なマイナス感情に襲われたらすかさず行えば、いたずらに負の感情を暴走させることなく、現実に戻ることができます。
左手のほうがやりやすければ、もちろんそれでも大丈夫です。

対策▼〈呼吸を数える〉

椅子に楽な姿勢で座るか、横になって体の余分な力を抜き、ゆっくりと腹式呼吸をします。そして、息を吸って吐いたら1、また吸って吐いたら2、というようにして10まで数えます。

かなり単純な作業なので、途中で仕事のことなど雑念が浮かぶかもしれませんが、「うまく数えられなかった」などと気にする必要はありません。いくつまで数えたかわからなくなったら、また1から数え直してください。

自分の呼吸を数えることを繰り返し、雑念が浮かんだら気にせずまた数え直す。この単純な行動に没頭することで心身をフラットな状態に戻し、現実と今に目を向ける準備を整えるのです。

このとき、胸式呼吸よりも腹式呼吸が望ましいのは、腹式呼吸は副交感神経を優位にしてリラックスさせてくれる効果があるからです。

【ケース2】

困難から逃げる（ネガティブな自分を変えたい）

念願かなって大手旅行代理店に就職したY子さんは、今年24歳になります。

入社当時は、厳しい就職戦線を勝ち抜き第一志望の有名企業に入社できた喜びではつらつとしていました。入社が決まってからというもの、両親や兄弟、親戚、友人、大学の教授など、誰もが顔を合わせるたびに「すごい」「よくやった」と褒めてくれるので、この先の人生はバラ色といった気分でした。

ところが入社してしばらくすると、そんな甘い気持ちは吹っ飛んでしまいました。

配属された部署のメンバーは一人残らず非常に忙しそうで、わからないことがあっても尋ねるのを躊躇《ちゅうちょ》してしまう雰囲気がありました。それに、周りはできる人ばかりで、わからないのは自分だけという気もします。

「私は足手まといになっているのかも」

Y子さんは落ち込みました。

「たくさんの希望者の中から私を選んで採用してくれた会社なのに、どうしてもっと親身に仕事を教えてくれないんだろう。私、戦力にならない人間だと判断されたのかな」

配属前には研修もありましたし、マニュアルも手渡されています。しかしお客様相手の仕事ですから想定どおりに進むとは限りません。周りに助けを求められないまま、Y子さんは日々小さなミスを重ねることになりました。

それにつれて、同じグループの先輩や直属の上司に注意を受けることが増えていき、さらに気分は落ち込みます。

「でも、弱気になってる場合じゃないんだ。もっと頑張らなくちゃ」

折れそうな気持ちに鞭打ってY子さんは懸命に努力しましたが、なかなか思うようにいきません。

そんなある日、お客様から怒りの電話がかかってきました。

「きみ、調べてあとで連絡すると言ってたじゃないか。待っていたのに電話1本ないのはどういうことだ。その日のうちに何らかの連絡があって当たり前だろう。それなのに、もう3日も経っているぞ」

Y子さんは電話越しにお客様の大声を聞きながら、背中に冷や汗が伝うのを感じていました。記憶をたどれば、お客様が希望した内容にY子さんの一存では決められない点があったため、先輩か上司に確認してあとで連絡しようと考えたのでした。しかし、誰かに聞こうと思っても手の空いていそうな人が見つからず、そのうちほかの案件に気がいって確認をすっかり忘れてしまいました。

この窮地《きゅうち》からは、自分の力ではどうやっても抜け出せないと思ったY子さんは、上司に恐る恐る切り出しました。

「何だって！」

驚いた上司は、すぐに電話を代わってくれました。そしてお客様へ何度も謝罪をし、希望どおりの条件で出発できるよう特急で手配してくれました。

しかし案の定、Y子さんは強く叱責《しっせき》されることになりました。これまで小さなミスで注意されたときとはまったく違う、厳しい言葉が飛んできました。

してはならないミスを犯してしまったのですから、怒られるのは当然です。自分が悪いことは百も承知です。だからこそY子さんはこれまで以上にひどく落ち込みました。

もともとY子さんは、落ち込みやすいところがありました。とくに対人関係でそれが顕著で、相手の言動を勝手にネガティブな方向に増幅してしまうのです。

学生時代も、周囲の人が何の気なしにとった態度や口にした言葉に、過剰なほど傷つくことがよくありました。だから、念願の入社を果たしたことは、これまでの自分を変えるきっかけになるかもしれないとひそかに思っていたのです。それなのに入社以来、毎日落ち込んでばかり。

「みんなちゃんとやっているのに、私だけがダメ。同期と大きく差がついちゃったな。もう私の居場所なんてない。だって会社にとって私は迷惑なお荷物なんだから」

Y子さんは、こんな言葉を繰り返しては、さらに落ち込むというマイナスのスパイラルにどっぷり浸かっていきました。

どうやっても気持ちを持ち上げることができず、とうとう出社することができなくなってしまったのです。

▼どうしてこんなことに？

現実と向き合ったときに逃げる選択をしがちな人は、**将来的に得られる利益を見るのが下手**なのです。

その場をなんとかごまかしてみても、後からもっと大変なことになるのはわかっているはずです。それでも、とにかく目先のラクを優先してしまう。これは、大事な提出物などがある日に限って、その仕事から逃げ出すようにネットサーフィンに時間を費やしてしまったりする人なども同様です。

Y子さんが直面したような問題は、普段からの小さな行動習慣によってかなり減らすことができます。上司へのホウレンソウをこまめに行うだけでも違うでしょう。

そのうえで、必要以上にネガティブな発想をする自分にストップをかけていく必要があります。

次に紹介する方法は、実際に多くのスポーツ選手などが用いてメンタル維持に役立てています。ネガティブ思考に苦しむ人に広くおすすめします。

対策▼〈手首の輪ゴムを弾く〉

ゴルファーがよく行う手法です。パットを打つ直前、「入らないのでは」という不安を抱くと実際にパフォーマンスが低下して入らなくなってしまいます。この状態を**「イップス」**と言い、精神的な悪影響により思い通りのプレーができなくなることを指します。

そこで、イップスに陥るのを避けるために手首に輪ゴムをはめておき、マイナス思考が浮かんだら指で輪ゴムをつまんでパチンと弾き、思考を「現実」と「今」に戻すという方法がとられるのです。ゴルフ以外のスポーツでも同様のことを行っている選手が多くいます。

対策▼〈輪ゴムやクリップを移動する〉

これも、スポーツ選手がよく用いる方法です。

何かマイナス感情が起きるたびに、右手首にはめた輪ゴムを左手首に移していきます。

輪ゴムがわずらわしいなら、クリップを右ポケットに入れておき、それを左ポケットに移していくというのでもOKです。

そして、1日の終わり（あるいは途中でも）に、左手首の輪ゴムや左ポケットのクリップを出して数えます。要は、「自分はこんなにたくさんのマイナス思考を勝手につくり出しているんだ」と自覚することに意味があります。

自覚したら、そんなマイナス思考はさっさと捨ててしまいましょう。

ケース3 流されやすい

「今日こそは早く帰って家族と一緒に夕飯を食べよう。クリスマスも近いしどこかでケーキでも買っていこうかな」

ノー残業デーの水曜日、Tさんはウキウキした気持ちでいました。ここのところ接待だの忘年会だので終電帰りが続いていたのです。子どもたちともゆっくり話がしたいし、それに何より自分自身疲れがたまっていました。

奥さんに「帰るコール」をしてから駅に向かうと、改札で同僚のKさんに出くわしました。Tさんはちょっと嫌な予感がしました。Kさんは無類の酒好きでほとんど毎晩、誰かを誘っては飲み歩いています。

「誘われても絶対に断ろう。理由は何て言おうかな……」

考えているTさんに、Kさんは声をかけてきました。

「よう、軽く一杯つき合えよ。ノー残業だろ？」

次の瞬間、Tさんは反射的に答えていました。

「うーん、ちょっとだけな」

ちょっとだけで済むはずもなく、はしご酒で今日も終電です。奥さんは「そんなことだと思ったわ」と許してくれましたが、Tさんはほとほと自分が情けなくなりました。

「なんで断れないんだろう。なんで流されてしまうんだろう」

そんなある日、Tさんは後輩からショックなことを言われました。

「Tさん、すごい酒好きなんですってね。どんなに疲れていても絶対に断らないそうじゃないですか。だからしょっちゅう、いろんな人から誘われているんですね」

その後輩は、Tさんが取得を目指していた資格試験に合格したそうです。Tさんだって受験したかったけれど、不本意なつき合いで勉強の時間がとれなかったのです。でも、これもすべて、自分が招いた結果なのでしょうか。

25歳になるS美さんは、母親に対してノーと言えない自分が嫌でたまりません。

S美さんは、一人娘として両親に溺愛されて育ちました。とくに母親とはいつも一緒で、大人になってからは「姉妹みたいに仲良しね」と周囲から言われるほどでした。

でも、S美さんにとっては「姉妹」ではありませんでした。かといって「母娘」というのともちょっと違う気がします。どちらかというと、母は「支配者」なのです。

「S美、そんな服あなたには似合わないわよ。お母さんが選んであげる」

「オペラのチケット、いい席が取れたのよ。日曜日空けておいてね」

「新しくオープンしたレストラン、良さそうじゃない。いつ行く?」

なんでもかんでも、S美さんと一緒に行動したがるお母さん。それが当たり前だと思っているお母さん。しかも、すべて自分で決めてしまうお母さん。

思い返してみれば、小学生のときから「あの子と仲良くしろ」だの、「そんな遊びはするな」だの、S美さんの交友関係にも口を挟んできた母でした。

就職だってそうでした。本当は金融関係に勤めたかったのに、「転勤があるから絶対にダメ」「あなたにできるはずないわ」と法律事務所の仕事を選ばされたのです。

この調子だと、恋人選びにもどれだけ関与してくるかわかりません。

そういえば、去年、大学時代の友人から気になることを言われました。

「S美さ、少し母親離れしたほうがいいよ。S美のうちに遊びに行くと、ちょっと緊張するよ。なんだかお母さんに品定めされているみたいでさ。私は女だからまだいいけど、男だったらびびって敬遠しちゃうよ」

もしかして、25歳になっていまだに特別な彼氏ができないのは、母親のせいなのかも。そして周囲からすれば、自分は少し幼稚に見えるのかも。

S美さんは、それまでも何人かの男性に好意を示されたことがあります。自分自身、嫌いな相手ではなかったので、母親にも報告していました。でも、そのたびに母親から何かしら相手の欠点を指摘され、きっぱりと交際を否定されました。

S美さんのことを誰よりもよく知っていて、かつ弁も立つ母親の言うことを聞いていると「そのとおりだな」と思ってしまったのですが、果たしてそれでよかったのか……。

こんなS美さんの変化に気づいたのか、最近、母親はますます支配を強めてきているように思えます。どうやら、結婚相談所のようなところに勝手にS美さんの名前を登録しているようなのです。

相当に危機感を募らせているS美さんですが、母親と面と向かってしまうと、結局何も言えないだろうという予感があります。

いったい私は、母が好きなのか嫌いなのか。そもそも私は自分の人生を生きていると言えるのか。すっかりわからなくなってしまいました。

▼どうしてこんなことに？

もともと日本人は、自分の意向をはっきり述べるのが苦手な民族です。しかし、ここに登場してもらった二人の場合、そういうレベルを超えています。

「嫌だ」と思いながら他者に流されてしまうのは、いったいどうしてなのでしょう。おそらく、そこには大きな認知のゆがみが介在しています。

「断ったら嫌われてしまう」「言うことを聞いていなければとんでもないことになる」といった事実と違う思い込みにとらわれているのです。

しかし現実には、**本人が思っているほど他者は自分に強い関心を持ってはいません**。S美さんの場合においても、長い間従ってきたことで母を支配者に仕立て上げてしまったとも言えるのです。

対策▼〈第三者になって考える〉

流されてしまう自分を変えるには、第三者の客観的な目を持つことが大事です。

「信頼する○○さんだったら、今の状況をどうするだろう」と考えてみましょう。「遠慮せずにNOと言うだろうな。それで全然、問題ないな」と思えるはずです。

これは、目の前の出来事に深く入り込みすぎて自分では気づきにくくなっていることを客観的に見るために非常に役立つ方法です。

対策▼〈好きな音楽を聴き込む〉

よけいな思考を排除するためには音楽も効果的です。心身をリラックスさせることで、出来事に対して冷静な判断ができる状態をつくります。また、自分自身の世界を取り戻すきっかけにもなります。

自分の好きな音楽に身も心も委ねるようにして聴き込みましょう。何かをしながら聴くのではなく、没頭して聴き込むのがコツです。聴いているうちにまたいろいろな思考が浮かぶかもしれませんが、あまり神経質にならなくて結構です。

緊張を強いられる場面の前にはゆったりした曲、少し気が緩みすぎだなと感じたら自分を鼓舞《こぶ》するようなビートのきいた曲を聴くというのもいい方法です。

音楽の力をどんどん利用して、心の状態を積極的に整えてください。

ケース4

タバコや食事、酒への依存

Fさんは、学生時代に覚えたタバコが習慣となり、かれこれ20年ほどの喫煙歴になります。ある日、親友と久しぶりにお酒を飲みにいったFさんは言われました。

「お前まだタバコ吸ってんの？　やめたほうがいいよ、体にいいことないし」

かつて自分よりヘビースモーカーだった親友は、3年前にきっぱりと禁煙しています。COPD（慢性閉塞性肺疾患）という肺の病気についてテレビで放送していたのを見て、怖くなったのがきっかけだそうです。

COPDは、最近多くの人の知るところとなりました。別名「タバコ病」とも呼ばれ、喫煙者にとくに多い慢性呼吸器疾患です。原因の9割以上が喫煙とされ、進行すると少し動いただけでも息切れするようになり、日常生活を送るのが難しくなります。さらに病状が進むと呼吸不全や心不全が引き起こされ、死に至ることもあります。

話を聞いていて、Fさんも不安になってきました。Fさんの子ども二人は中学生と小学生。まだまだ元気で働かなければ家族が路頭に迷ってしまいます。そこまで考えて、ようやくFさんは重い腰を上げました。禁煙を決心したのです。

さて、翌日からFさんはイライラしどおしになりました。顧客からのクレーム、部下の稚拙《ちせつ》な仕事、上司の言ってくる無理難題、妻との口喧嘩、苛立ちのタネは生活のあちこちに転がっています。Fさんはこれまで、ムシャクシャしたときは常にタバコを吸うことでしのいできました。しかし今は禁煙中です。

「ああ、タバコが吸いたい。ここで一服したらさぞかしうまいだろうな」

しょっちゅうこんな思いが浮かびましたが、Fさんは歯を食いしばって我慢しました。

ところがある日、成功の一歩手前まで進んだプロジェクトがチームメンバーのミスによって白紙に戻ってしまったとき、Fさんはついにタバコの自販機のボタンを押してしまったのです。しばらくぶりに肺の奥まで煙を吸い込んだときの、えも言われぬ心地よさ。しかし、次の瞬間、Fさんは激しい後悔に襲われます。

「オレってやつはなんて意志の弱い人間なんだ。誰もがやっている禁煙すらできないなんて、何か欠陥があるのかもしれない」

Fさんは自己嫌悪に陥り、自分を責めています。

過食が習慣化している30歳のH子さんも、「やめたいのにやめられない」ことで悩んでいます。会社の仕事は入社した頃は覚えるのが大変でしたが、基本的にルーティンワークなので、今では大きなミスもなくこなしています。

これといった趣味もなく、社交的でもなく、交際している男性もいないので、会社と自宅の往復だけで過ぎていきます。実家暮らしのため家事はすべて母親まかせです。

「30歳にもなってこのままでいいのかな」とは思いますが、目の前にラクな道があるのに努力するというのは難しいものです。だから、結局同じような日々を送っています。

H子さんの楽しみは、夕食後に自室でお菓子を食べながらDVDを観ることです。最近は、会社帰りにコンビニに寄ってお菓子を買うのが習慣になりました。

コンビニには、小袋のお菓子がたくさん売られています。夕食後に食べるのですから少量で充分。小袋のビスケットやチップス、チョコレートなどを買い込んでおいて、1日1袋食べるようにしていました。

ところが、その日に限って、1袋でやめることができませんでした。人事異動で上司が替わることを知って、ちょっと不安だったのです。DVDを観ながら、2袋、3袋と空けてしまいました。

「ああ、食べ過ぎちゃった。まあ、今日だけね」

H子さんはとくに気にすることもありませんでした。

しかし、その日を境にコンビニで買うお菓子の量はどんどん増えていきました。1か月もした頃、H子さんは母親に注意されます。

「掃除に入ってみたら、あなたの部屋にお菓子がものすごくたくさんあってびっくりしたわ。どうりで最近太ったと思ったわ。体に悪いわよ」

H子さんはその言葉にイライラしました。お菓子は自分の働いたお金で買っています。ほかにムダ遣いしているわけじゃないし、何が悪いのかと。

けれども同時に、気になることもありました。スカートのウエストがきつくなったのです。会社の人たちの自分を見る目も変わった気がしました。何となく遠巻きにされている感じもします。

でも、なんだかすべてがどうでもよくなって、今日もまたお菓子を買ってしまうに違いないと思っています。

▼どうしてこんなことに？

お酒、ギャンブル、ゲーム、セックス……人はいろいろなものに依存します。「ワーカホリック」という言葉があるように、仕事にすら依存材料を見出してしまうのが人間です。

最初から胴元が儲かる仕組みになっているギャンブルなど、確率論で考えたら手を出さないのが一番なのは明らかです。それでも「自分だけは得をする」とばかりにのめり込んでしまうのです。

依存は別世界の話ではありません。人の我慢できる範囲には限界があり、何かをうまくやり遂げるために、ほかの何かに依存するという傾向が問題を複雑にしています。**頑張っている人ほど、何かに依存したい欲求を持ちかねません。**

たとえば、ゲームにハマる人というと、「オタク」「引きこもり」といったイメージが先行するかもしれません。しかし、最近では、一流大学を出て有名企業に就職し、仕事をバリバリこなしているような人の中に、ネトゲ（オンラインゲーム）依存が増えています。

対策▼〈環境を変える〉

タバコをやめたいなら家にある灰皿やライターを全部処分する。ダイエットをしたいならケーキ屋の前を通らない。ギャンブル依存なら、電話番号を変えてギャンブル仲間には教えない。ゲームをやめたいなら、ゲーム機は友人にあげてしまう。

こうした環境づくりが依存から抜け出すために重要です。

依存したいものがそばにあれば、依存し続けるのは当たり前のこと。意志の力に頼るのではなく、依存したくても依存できない環境をつくることです。

対策▼〈エンデュランス系のスポーツ〉

同じ動作を淡々と繰り返す運動を「エンデュランス系スポーツ」と呼びます。

バスケットボールや野球など団体競技は、メンバーと協力しながら次々と変わる場面に瞬時に適応する必要があります。それに対して、ランニング、水泳、自転車、ウォーキングなどのエンデュランス系スポーツは、個人で単純な動きをひたすら行うため「無」になることができます。何か一つエンデュランス系スポーツに挑戦しましょう。

心を空っぽにして同じ動作を続けることは、メディテーションにも似た効果をもたらし、心の状態を整えることができます。依存したい欲求も遠ざけてくれるでしょう。

［ケース5］直らない遅刻グセ

大学3年生のI子さんは、だらしない自分を責めています。

I子さんはどうしても時間を守れないのです。

とくに大学の1限目の講義など、間に合ったことがありません。2年生になって、1限に出席を厳しくチェックする語学の授業が集中したときは、留年しないか本気で心配しました。

かといって、I子さんは大幅な遅刻をするわけではありません。5分とか10分といった短い時間、遅れてしまうのです。

「I子、あと5分早く家を出れば遅刻しなくてすむじゃない。どうしてそのくらいのことができないの?」

クラスメートからは、何度も同じことを言われています。そのたびI子さんは、同じ答えを返すことになります。

「わかってるのよ。わかっているんだけど、家を出るのがちょっと遅くなっちゃうの」

いつも出がけになってから、持っていくはずのものを用意し忘れたことに気づいたり、髪型やメイクが気になったり、一度着た洋服を全部取り替えたくなってしまうI子さん。愛嬌のあるタイプであることも手伝って、今までは「しょうがないんだから……」と、友人たちは呆れながらも許してくれていました。

そんなI子さんが自分の遅刻グセを猛烈に反省することになったのは、本格的な就職活動を目前にした秋でした。

I子さんにはどうしても入社したい企業があります。大学の就職課で、同じ大学の先輩が男女一人ずつその会社で働いていることを教えてもらったので、さっそくその先輩たちに連絡を取り、ＯＢ・ＯＧ訪問の約束を取りつけました。

最初に会ってもらえることになったのは女性の先輩でした。ところがいつものクセで、Ｉ子さんが約束の場所に着いたのは約束の時間の10分後でした。Ｉ子さんの焦った様子に先輩は笑って「大丈夫よ」と言ってくれましたが、質問をしてもあまり親身になって答えてくれていない感じがしました。

話を終えてお礼を述べると、先輩はＩ子さんに言いました。

「社会人になったら、遅刻は大きなポイントダウンになるからね」

Ｉ子さんはこれ以上下げられないというぐらい深く頭を下げ、「本当に申し訳ありませんでした」と謝りました。

家に帰る道すがら、Ｉ子さんは泣きそうな気分でした。こんなことではいけないと心から思え、これからは絶対に遅刻はしないと決意しました。

ところが後日、今度は男性の先輩との約束の際、Ｉ子さんはまた家を出るのが遅くなってしまったのです。全力疾走しながら、Ｉ子さんは自分が情けなくてたまらなくなりました。５分遅れで待ち合わせのカフェに着き、「遅れてすみませんでした」と謝ると、男性の先輩はこう言いました。

「きみさ、この間、うちの社の◯◯と会ったときも遅刻したらしいじゃない。いったい何考えてんの？ こっちは忙しい中、きみに頼まれたから時間をやりくりしてるんだよ。それなのに、先輩より遅れるなんてあり得ないよ。そんなんじゃうちに入るのは厳しいと言うしかないよ。それどころか、どこの会社だってどんな仕事だってうまくいくとは思えないな」

I子さんは奈落の底に突き落とされたような気持ちです。

男性の先輩は、最初に厳しいことを言いましたが、それ以降は充分にアドバイスをしてくれました。でも、自分の至らなさをズバリと指摘されたI子さんは、落ち着いて話を聞ける状態ではありませんでした。

すっかり肩を落として帰途についたI子さん。自分の首を絞めているのは、だらしない自分自身なのだと思うと、やりきれない気持ちになります。どうして自分はこうも時間にルーズなのか。もう遅刻はしないと決めたのに、結局、約束が守れない……。I子さんは自分のことが大嫌いになりました。

▼どうしてこんなことに？

自分のだらしなさに気づかないまま、だらしないことをしているなら悩みもありませんが、いったん気づいて自分を責め出すと非常につらくなってきます。「だらしない」という言葉の威力はかなり強く、**「自分はだらしない人間だ」という認識は、人を打ちのめす**からです。

「片づけられない」人たちも、この自責の念に苦しめられます。「部屋を片づける」などというのは子どもだってできることなのに、どうして自分はそんな基本的なことができないのかと。

しかし、こうした自責の念は事態を少しも好転させません。意志の問題から脱却し、とにかく行動していきましょう。

対策▼〈最初だけ人の力を借りる〉

いい結果を出すために、最初だけ人の力を借りるのは効果的な方法です。

時間にだらしない人は「自分基準」で行動するから遅刻を繰り返します。一度、誰かに一緒に行動してもらって時間の感覚を補正し、そのとおりに動くようにしてみましょう。自分は30分前で充分だと思っていたのに、その人は40分前に出発したなら、次回からはその基準に合わせます。

片づけられない人は、ごく親しい知人や業者の力を借りて一度リセットしましょう。「汚部屋」にいては、気分がふさぐばかりだからです。

対策▼〈リマインダーで意識を戻す〉

スマートフォンのアプリケーションである「リマインダー」で、やらなければならないこと、やりたいことなど自分の行動を管理しましょう。「会議用の資料を作成する」「スポーツジムに行く」「旅費の振り込みをする」など、どんな行動でもいいので入力して日時を設定しておくと、そのときが来たらアラームが鳴って知らせてくれます。スマホにはたいてい無料でセットされています。

単に予定の時間に間に合わせるために使うのではなく、1日数度、定期的にアラームが鳴るように設定しておけば、その音で現実に意識を戻すことができます。

「おい、ちゃんと現実を見ているかい？」

「本当にやるべきことをやっているかい？」

と、スマホから問いかけてもらうのです。

ほかにも、同様の用途を持つアプリに**「Beep Me」**などがあります。また、締め切り時間を設定するとそれまでの残り時間が表示される**「楽タイマー」**というアプリも、現実にやらなければならないことに意識を向けるために役立つでしょう。

※「Beep Me」 素早くリマインダーを設定できるアプリ。時計でアラームを設定するよりも簡単にできるのが魅力です。メモを書き込んで時刻を設定するか、希望する数分後にビープ設定するだけなので、操作がラク。無料版と有料版があります。

※「楽タイマー」 残り時間を画面いっぱいに表示してくれるタイマー機能のアプリ。スタートもストップも画面のどこでもタップすれば簡単に操作できます。スポーツや勉強のときに使うと便利でしょう。無料でダウンロードできます。

第3章
思い込みのワナに気づく

「マインドトーク」のせいで重大な選択を間違える

ある中堅商社に勤める30代の男性は、異動願いを出す時期に、希望の部署に移るチャンスをみすみす逃してしまいました。

彼は入社したときから高い能力を発揮し、上層部からも注目される存在でした。だから、いろいろな部署のトップが、「ウチに来ないか」と彼に声をかけてくれました。しかし、彼の希望する北米部の部長だけはそうではありませんでした。エレベーターで一緒になっても、ランチタイムにばったり会っても、とくに何も言ってはくれません。

そのうち、彼にはこんな思考回路ができあがってしまいました。

「オレ、北米部の部長に嫌われてるんじゃないかな」

「ほかの部長とは、明らかにオレに対する態度が違うし」

「そういえば、同期の上村も北米部に行きたがってたよな」

「きっと、オレの知らないところで、人事の話が動いているんだ」

「そうだ、北米部は上村が欲しいに決まっている」

彼はそう結論づけ、よく声をかけてくれる東アジア担当部長がいる部署に異動願いを出しました。

さて、本当に北米担当部長は彼のことを嫌っていたのでしょうか。実は違いました。北米担当部長は普段から口数が少なく、自分のほうから若い部下に声をかけることはほとんどありませんでした。そういう人だから部下に対しても公平で、彼に特別な態度で接することがなかっただけ。彼の優秀さはちゃんとわかっていました。だから、彼が東アジア担当部署を選んだことをちょっとがっかりしたようです。

彼の行動には、紛れもない認知のゆがみが見られます。事実とは違うことを、まるで本当のことであるかのように思い込んでしまっています。

このように私たちは、認知のゆがみによって重大な選択を間違えることがあるのです。

もう一つ、認知のゆがみでおかしな選択をしてしまったケースを見ていきましょう。

今は仕事でもプライベートでも、誰かと連絡をとるときにメールを使うことが当たり前になっています。電話のように時間を気にすることなくいつでも送れるメールは、たしかに便利です。

しかし一方で、ひどく認知をゆがめる原因にもなっています。その場で相手と言葉をやり取りする電話と違って、メールは妄想し放題。相手の真意とは違うことを勝手につくりあげるには、持ってこいのツールなのです。

ある20代後半の女性は、恋人に携帯メールを送ったのに返信がないことでどんどん妄想を膨らませていきました。

そのとき、相手の男性は出張先で、携帯電話をホテルに置き忘れたまま上司と夕食に出ていただけなのですが、彼女にはそうは思えなかったようです。

「何度もメールしているのに見ていないはずがない」

「おかしい、いつもと違う」

「私、何か彼のこと怒らせちゃったのかな」

「いや、そもそも、出張なんてウソなんじゃないか」

「そういえば、前にもこんなことがあった」

「そうだ、私はだまされていたんだ」

客観的に見るとあまりにも唐突な結論ですが、本人は妄想に凝り固まっています。結局その日は酔っぱらって寝てしまった彼とまったく連絡がとれず、彼女には妄想を巨大化する時間がたっぷりとありました。

「私たちもうダメだよね。別れよう」

翌朝、突然かかってきた電話で言われ、彼は面食らってしまいました。何とか思い留まってもらおうと説得を始めました。しかし、あまりにも勝手な思い込みを聞かされているうちに、彼自身すっかり嫌になってしまいました。

本当は、二人の間に何の問題もなかったのに、彼女は認知のゆがみのために問題をつくりあげ、別れるという選択をしたのです。

口から発する「言葉」の支配力を知る

不安や猜疑《さいぎ》心といったネガティブな感情は、すべて頭の中のマインドトークによって生産され、まったく非論理的にどんどん高じていきます。そのとき冷静な判断力は失われ、重要な選択を間違えてしまうことになります。

私たち人間がこれほどまでに認知をゆがめてしまう原因の一つに、**言葉に対する敏感さ**があります。マインドトークが無意識のうちに私たちの思考に大きな影響を与えるように、人の口から発せられる言葉は、さらに過度な反応を呼び起こします。

ある30代の女性は、ずっと仲良くしてきた学生時代の親友と、会社帰りに待ち合わせて食事をしました。

最初は他愛ない話をしていたのですが、だんだんお互いの会社のグチになっていきました。ワインの酔いも手伝って、日頃の不満が次から次へと出てきます。

友人は、もっぱら仕事の内容についてグチっていました。ノルマが多くて大変だの、取引先の要求が細かいだの、プレゼンが負担だの……。

一方、彼女が最もグチりたいのは後輩のことでした。

「二つ下の子がね、ちょっと美人だと思ってチャラチャラしててさ。部長に媚びてるっていうか。部長も部長でね……」

すると、まだ話は途中なのに友人は言ったのです。

「ふーん、そうなんだあ」

このとき、彼女の中で「カチン」と何かスイッチが入りました。それは認知がゆがんだ音だったのかもしれません。

彼女には、友人の「ふーん、そうなんだあ」が妙に引っかかりました。何か小馬鹿にされたような気がしたのです。もちろん、友人にそんなつもりがあったかどうかはわかりません。おそらく、そうではなかったでしょう。でも彼女にはそう感じられたのです。

「ああ、私の言っていることなんて、くだらないと思っているんだ」

「自分は仕事ができるけど、私は違うというわけね」

「考えてみれば、会うといつもこのパターンだもんね」

「学生時代から、私を一段、下に見ていたところがあったし」

そう思い始めたら、どうにもこうにも気持ちのコントロールがきかなくなり、「疲れているから」と食事もそこそこに解散することになりました。

それ以来、お互いに連絡もとっていません。


私たちは、理解できない言葉に対しては、何も思いません。

あなたが、アフリカの言葉やアラブの言葉を理解できなければ、彼らから面と向かってどんなひどいことを言われようと傷つくことはないでしょう。でも、こと日本語で言われると、微妙な解釈をしてしまうことがあります。言った本人は深い意味はないにもかかわらずです。

「あれ？　コピー用紙が切れてる」

先輩が発した一言で、自分の不備を指摘されたように思い込んでしまう新入社員。先輩は、ただ事実を言っただけで、誰かを責めるつもりなど毛頭ありません。

「おまえ、最近顔色がヤバくないか？」

友人はほんの軽い気持ちで言ったのに、自分が悪い病気ではないかと疑ってうつ気味になってしまう人もいます。

言葉は、それを発した人の思惑とはまったく違った一人歩きを始めます。

あなたが人とのコミュニケーションで何かしらのショックを受けたときは、落ち着いてそのときの状況を振り返ってみましょう。そして、そこでどんな会話が交わされたのかを分析してみましょう。紙に書き出して客観的に眺めてみると、案外「どうってことない」言葉だったのではありませんか？

それをマインドトークがつくりあげた妄想で、ことさら大きな問題にしてしまっていることがほとんどなのです。

過去にとらわれる人は問題を抱え続けることになる

嫌な思い出を、しつこく反芻《はんすう》するのが好きな人もいます。

本人は「好きでやっているんじゃない」と怒るでしょうが、周囲からしたら、そういう趣味なのだと思えるほどです。

「あのときは本当に悔しかった」

「アイツから言われたあの言葉だけは一生忘れない」

「思い出すたびに不愉快になってくる」

だったら思い出さなければいいのに、あえて思い出すのです。そして、雪だるまを大きくするように、嫌な思い出を大きくします。

こうやって不幸を育てるのは、とてもバカげたことです。自分自身、貴重な人生を台無しにしてしまうし、周囲の人たちも決して愉快になりません。

当たり前のことですが、過去には戻れません。過去に戻ってその不愉快だったことを取り消すことはできません。

しかし、取り消す必要もありません。**なぜなら過去はすでに存在しないからです。**

どんなに不愉快だったことも、その人の頭の中に存在しているだけで、今という現実には存在しません。だから、過去にとらわれている人は存在しないものにとらわれているだけなのです。

あなたが通勤電車の中で見知らぬ男にぶつかられ、かつ舌打ちされたとしましょう。朝から不愉快ですね。1日中、何かにつけ思い出し、嫌な気持ちになるかもしれません。

しかし、それはもう過去のことです。

「ぶつかられたうえに舌打ちされた」というのは、過去には事実であったかもしれないけれど、今は事実ではありません。今現在のあなたには、誰もぶつかってきていないし、舌打ちもしていません。

こうやって**「今」「現実」にフォーカスしていくと、ほとんどのことは解決します。**解決できないことなど存在しないと言ってもいいでしょう。

逆に、**過去に気持ちを持っていきがちな人は、絶えず問題を抱えていることになります。**しかも過去には戻れないから、その問題は一向に解決しないというわけです。

「本当に自分は何をやってもうまくできないのか？」

物事に対する認知のしかたは人によって違いますが、大きく分ければ「自分をラクにする認知」と「自分をつらくする認知」の二つがあります。**自分をラクにする認知は、目の前で起きている事実に即して冷静に判断することで成立します。**一方、自分をつらくする認知は、勝手な思い込みで事実をねじ曲げたり、何の根拠もない憶測で物事を判断することで決定づけられます。

では、今の自分がどちらの認知を行っているか見極めるには、どうしたらいいのでしょうか。

それは、出来事に対してなんらかの感情が湧いたとき（認知したとき）に、それを見つめて、次のように自問してみることで可能になります。

「自分が感じている今のこの気持ちには、根拠があるか、ないか？」

意識的に問わずにいると、「根拠があるからこそ感じているんだ」と当然のようにスルーしてしまいます。しかし、案外そうではないのです。

たとえば、仕事でミスをしてしまったとき。

「ああ、ミスしてしまった。まったく、オレは何をやってもうまくできない」

という感情が湧いたとしましょう。この場合、ミスをしてしまったのは事実ですが、「何をやってもうまくできない」という思いには極端な決めつけが見てとれます。

こんなときは、冷静に自分に聞いてみてください。

「本当に自分は何をやってもうまくできないのか？」

実際、やったことが全部失敗する人などまずいません。落ち着いて考えてみれば、「この仕事はミスしてしまったけれど、この前の仕事はちゃんとできた」と、客観的な判断が下せるはずです。

このようなプロセスを経ることで、「ミスをした」ことと「ちゃんとできた」ことを両方客観的にとらえられるので、反省はしても「私は何もできない」といった根拠のない極端な落ち込み方はしなくてすみます。

「同期の山田は何でもできる。それに比べてオレは何かにつけ劣っている」などと、基準を自分ではなく他人に置き、自己評価を下げてしまっているようなときも、その根拠を問い直してみれば客観的になれます。

「いや、オレはAはできなかったがBはできた。同期の山田はAとCはできたけれどBはできなかった。オレにはできないことが多いけれど、できたこともある。**誰でもできることもあればできないこともあるんだ**」

こうした、ゆがみのない認知に落ち着くことができるでしょう。

「できなかったこと」にフォーカスしない（できない自分を許す）

要するに、問題なのは「できなかったことにばかりフォーカスする」ということです。頭の中で1日に7万回も浮かんでは消えるマインドトークのほとんどがネガティブなもののため、**どうしても私たち人間は、負の側面を過大評価するクセがあります。**

できたことを喜んであげればいいのに、できなかったことをわざわざ拾いあげては自分を責め立てるということをします。そうした認知のゆがみをそのまま放っておくとどんどん自分を追い込んで、結果的にとてつもない負のスパイラルをつくりあげてしまいます。

そもそも、もし「何をやってもうまくいかない」が事実だったとしても（そんなことはありえませんが）、それがどうしたというのでしょう。「人ができたことを自分ができない」のは、そんなに悪いことなのでしょうか。

問題は「できないこと」ではなく、「できない自分を許せないこと」にこそあります。できない自分を許せないという偏狭な態度で物事に臨むから、無用のプレッシャーがかかって、本来できることもできなくなってしまうのです。

変わりたいのに変われなくて悩む人は、往々にして自分を攻撃しては苦しんでいます。でも、できない自分を許せる寛容さがあれば、心折れることなく何度でもチャレンジができるでしょう。

もっと自分を許しましょう。

ジョギング習慣を身につけようと張り切っていたのに、雨が続いたらすっかり嫌になってしまった？

当然です。私も雨の日に走るのは嫌いです。

英会話の勉強を3日続けただけで放り出してしまった？

なるほど、まさに「三日坊主」というやつですね。しかし、「三日坊主」という言葉があるくらいなのだから、誰でもそうなるということでしょう。

私たちには、「仕切直し」という選択肢が残されています。何度でもその宝刀を抜いていいのです。これまであなたが変われずにいたのは、その宝刀を抜くときに「また今度もダメなんだろう」などと認知をゆがめていたからです。

これからは、正しく自分を許してあげましょう。そこから、すべてのセルフマネジメントが可能になると言ってもいいでしょう。

グーグル社の社員研修にもつかわれた「マインドフルネス」

正しく自分を許し、無理な苦しみを伴わずに目的をかなえたり、自分を変えたりするために、私たちはどうすればいいのでしょう。

まずは、「自分の認知はすぐにゆがむ」という認識を持つことが何より必要です。

頭の中に勝手に浮かんでしまうマインドトークをゼロにはできませんが、認知のゆがみを最小限に抑えることができれば、あなたは大きく変わっていくはずです。

そして、**認知のゆがみを少しでも避けるためには、事実をありのままにとらえるだけに留めること**が重要です。

何が起きても、ただ「目の前の現実」にのみ意識を向け、それに対する印象や考え、好き嫌いといった感情を入れずに、そのままの状態で受け止めます。

そうした試みが、**「マインドフルネス」**あるいは「ACT（アクセプタンス＆コミットメント・セラピー）」と称されて、心療内科や精神医療の分野で注目されています。

たとえば、立ち寄った銀行のATMに行列ができていたら、「行列ができている」とだけ認識します。

「なんだよ、こんなに混んでるのか。まったく今日はついてないな」

「3番のやつ、すいぶんグズついてるな。お昼休みがムダになるじゃないか」

などというのは、もはや事実とは違った妄想なのです。

もし事実だけに目を向けようとしても、なおよけいな思考や感情が湧いてきたときは、それにとらわれず、「ああ、今の自分は面白くないと思っているのだな」と受け止めるだけにします。

マインドフルネスは、これまで盛んに用いられてきた「認知行動療法」をさらに進化させたものと考えていいでしょう。

認知行動療法とは、認知のゆがみを客観的に正し、本人がとらわれている問題心理から抜け出すという治療法です。

今、「電車に乗るとお腹が痛くなる」という症状に悩むビジネスパーソンが増えています。急な便意が怖くて、停車駅の少ない快速電車には乗れない重症者もいます。

このとき、電車の中にお腹の調子を悪くする物質が漂っているわけではありません。だから「電車に乗るとお腹が痛くなる」という認知にはゆがみがあります。

もし、休日に遊びに行く電車の中では大丈夫だったり、また帰りの電車内では無事であることがほとんどなら、「会社に行こうとするとお腹が痛くなる」というほうが事実に近いでしょう。

しかし、それでもまだ事実とは遠いところにいます。もっと本質的な理由があるはずです。

おそらく、会社に行くことに何かしらの抵抗感があるからこそ、お腹に生理的反応が起きるのです。それは上司との関係性の問題なのか、自身の業績に関する悩みなのか、あるいは交際していた同僚にふられ、その人の顔を見るのがつらいといった理由かもしれません。そうした本質的原因と真正面から向き合うことを避けて、「電車と腹痛の関係」に目を向けていては、いくらお腹の薬を飲んでも完治は望めません。

そこで客観的に事実を掘り下げ、少しでも正しい認知を行って本質的な原因に対応し、かつ電車に乗るという行動を繰り返して「電車に乗ってもお腹が痛くならない」状態になったとき、その人は根本的に苦痛から解放されます。これが認知行動療法です。

マインドフルネスは、こうした認知行動療法の流れをくみながら、「今」「現実」に意識を向けることで、認知のゆがみを正していきます。

これはなにも心療内科などでのみ用いられるものではありません。

アメリカでは、多くの企業が社員のセルフマネジメントのためにマインドフルネスのメソッドを取り入れています。**グーグル社では、集中力や創造性を高めるという目的で、2007年から社員の研修に導入しているそうです。**

「感情」は現実ではない

マインドフルネスのメソッドでセルフマネジメントを行うということは、**徹底して事実に向き合う**ということです。というと、なんだかずいぶん厳しいことをやらなければならない感じがするかもしれません。しかし実際はまったく逆で、とてもシンプルで簡単なことです。なぜなら、**事実以外は考えないでいい**ということだからです。

事実を見据えるということを、人間はとかく避けて通ろうとします。とくに、その事実が歓迎したくない内容であればなおさらです。

たとえば、怒りや不安といったマイナス感情に支配されているとき、そのことについて直視するのは、誰でも嫌なものです。しかし、事実にフォーカスしないで曖昧に放置してしまうから、認知のゆがみも手伝って、よけいにマイナス感情が増幅していきます。

重要なのは、怒りや不安といったマイナス感情は、「現実」や「今」にはまったく存在しないということです。考えてみれば当然なのですが、すべてのマイナス感情は過去の後悔と未来への心配によって起きるものです。今この瞬間には存在しません。だから、そのことについて直視するのは、本来、痛くも痒くもないことなのです。

マイナス感情に引きずられそうになったときは、いたずらにそれを膨らませるのをやめて、意識を「現実」と「今」に戻すことを心がけてください。

怒り、不安のほか、悲しみ、嫉妬など、何らかのマイナス感情に気づくことができたら、どうして自分はその感情を抱くに至ったのかを考えてみましょう。そもそものきっかけは何であったかを見つけるのです。

「オレはどうしてこんなに不愉快な気分になっているんだろう。きっかけはいったい何だったのか。部下の○○が報告をあげなかったからだ。いや、そもそもは部下たちが何度言っても自発的に報告をしてこないことが腹立たしいのだ。だから、ここ何日もイライラしているんだ」

といったように、自分の感情をさかのぼって見ていきましょう。

次に、そのきっかけによって自分が怒りを増幅させてしまう理由をもう少し掘り下げて考えてみます。

「それにしても、ここまでイライラしているのはなぜだろう。オレだけが使えない部下を持っているという不公平感か。いやしかし、他部署だって似たようなもんだ。もしかして、オレの被害者意識が強すぎるのかもしれない。それとも、部下の一人も満足に指導できていない自分に対してがっかりしているのか。いや業績さえ上がっていれば、ここまでイライラしないな。やっぱり自分の業績の問題か」

こうした形で自分との対話を進めていくと、怒りの本質が見えてきます。そうすれば、**自分が真っ当な理由で怒っているのか、それとも勝手な思い込み、すなわち認知のゆがみによって怒っているのかということも理解できます。**

ここまでわかれば、その後の対処もしやすくなるでしょう。部下への指導法を変える、業績改善のための具体策を探るといった具体的な行動も起こすことができるでしょう。

さらに、**自分自身の認知のゆがみに気づけば、精神的にもうんとラクになります。**

「そもそも部下を全員、意のままに操るなんてことはできない。自分の指導力不足というよりも、コミュニケーション不足が今の事態を引き起こしているのではないだろうか。だったら、これからはもっと部下と話をするようにしよう」

こうして、事実に基づいた非常に現実的でゆがみの少ない認知に行き着くことができます。

自分の抱えている怒りの「本当の原因」

マイナス感情の原因のほとんどは、実は自分がつくり出しています。でも、自分の感情がマイナスに傾いたとき、自分以外の誰かや何かのせいにすることがよくあります。その最たるものが「怒り」です。

「アイツが言ったとおりにしたのに」

「政治がいけない」

「今日に限って雨が降るもんだから」

原因はすべて「外」にあるというわけです。こうした思考をそのまま放置しておくことは、常に爆弾を抱えているような状態と言っていいでしょう。ちょっとしたきっかけで怒りが大爆発しやすくなるのです。

さらに、怒りの原因が自分の中にあるかもしれないとは露ほども思わず、原因を自分の外にしか探さないので、根本的な解決ができなくなってしまいます。

怒りという感情は、周囲がつくっているのではなく、間違いなく自分がつくり出しています。その証拠に、同じレストランで同じように待たされても、「まだかよ」と怒る人と、「早く食べたいな」と楽しみにできる人がいるではありませんか。

つまり、怒りやすい人は、外にその原因を求めやすい人なのです。さらに言えば、**「もっと自分を大事に扱ってほしい」という思いが強い人ほど怒りも強くなる傾向があります。**

道を歩いていてすれ違った人と肩がぶつかるといった日常的で些細なトラブルにおいて、ものすごく怒る人と怒らない人の違いは、**自分が他人にどう扱われているかということへの執着の違い**である場合が多いものです。

企業が頭を悩ませる、顧客からのクレーム問題についても同様の傾向が見てとれます。

小さなクレームが大きな問題に発展するのは、**サービスそのものより、顧客に「自分は大事に扱われていない」と思わせてしまったことに9割の原因がある**とされています。

ランチタイムに飲食店で出された料理が間違っていた。自分はペペロンチーノを頼んだのにボンゴレが出てきた。

「あれ？　オレが頼んだのはペペロンチーノだよ」

このときに、状況を知った店員が丁寧な謝罪をし、気遣いをもって対応すれば、間違えられたこと自体は不快だったとしても、客側の怒りは膨れ上がらないケースが多いでしょう。それによって、大事なランチタイムにロスが出たとしても、店側の誠意が感じられれば我慢できるものです。

ところが、店員に少しでも横柄な態度をとられた場合はそうはいきません。

「つくりなおして済む問題か？」

「オレの時間を返せ」

客の怒りはおさまらなくなっていきます。このとき、「この店員のせいで不愉快になっている」と誰もが思いますが、実は「自分は軽んじられている」という自らの認知が怒りを増幅しているのです。

強風の影響で電車が遅れたからと駅員に詰め寄っている人も、「電車が遅れたこと」について怒っているようでいて、実は「自分が大事に扱われていない」という認知で怒りを爆発させています。

考えれば誰でもわかりますが、電車が遅れたのは駅員のせいではありません。また、駅員一人の力で運転再開できるわけでもありません。駅員はその事実を告げているだけなのに、忙しそうに対応されたことで「大事に扱われていない」と傷つき、事態をどんどん複雑にしていきます。

しかしながら実際には、相手をないがしろにしてやろうと思う人などそうはいないはずです。対応が不充分だったからといって、自分が軽んじられているとまで感じるのは行き過ぎです。まさに、認知のゆがみに振り回されているのです。

「自分軸」で生きるために「今」を見る

このように、怒りの原因が自分の外にあるととらえることは、**自分という人間が、周囲の環境や他人の言動に左右されている**ということにほかなりません。自分という車のハンドルを握っているのが他人だなんて、面白くないことだとは思いませんか？

マイナス感情の本質を見るのを避けて、その解決を外に求めても無意味です。「状況がもっとよければ」「誰かがこうしてくれたら」という願望は、ごくまれにかなえられることもありますが、ほぼすべての場合、自分の思惑どおりにはいかないものです。言うまでもなく、他人の考えることは自分のそれとは違うからです。

自分自身の行動によって改善していかない限り、マイナス感情から解放されることはありません。

身の回りのことが順調に進んでいるときとは違い、**少しでもうまくいかなくなると、人はつい投げやりになります**。でも、ハンドルまで放り出してしまう状態を幸せだと思いますか？

答えは聞くまでもありません。何かのせいにして、大切な今を自分軸で生きられないのはつまらないことです。

あなたは自分の人生のハンドルを誰かほかの人に握らせたいですか？

そうではないから、本書を手に取り、ここまで読み進めてくれたのでしょう。自分の人生のハンドルを自分で握って、目指す場所に行きたいから、それができる自分に変わろうとしているのでしょう。

何度も述べてきたように、人間には認知のゆがみがつきものです。それによって、人生のハンドルを切り間違えることがままあります。しかし、ハンドルから手を離してはいけません。自分の人生を走る車を運転しているのは、ほかならぬあなたなのですから。

過去の出来事を悔やんだり、未来への不安で縮こまったり、周りの環境を恨んだりするのはやめましょう。**「今」「現実」を主体的に生きることでしか、あなたの人生はいいものにできないのですから。**

第4章

小さな習慣をはじめる

年収2000万円になっても幸福度は上がらない

いい人生を送りたいと願いながら、「それができていない」と悩み、試行錯誤をくり返している人に共通するのは、最初から「今の自分ではダメだ」と決めつけてしまっていることです。そして、**「変わりたい」と言いながらも、具体的にどうなりたいのか明確なビジョンが見えていない**ことです。

自分が送りたい人生像を具体的に描けない人は、どうしてもその基準をお金に置こうとします。「幸せ＝お金持ちであること」という認識に留まってしまうのです。

「お金持ちになりたい」という願望を抱いている人は多くいますが、「ではどのくらいお金が欲しいですか？」と聞かれると、返答に窮《きゅう》してしまうことがよくあります。「とにかくたくさん、使い切れないくらい欲しい」などと曖昧な答えしか出てきません。

かつて私は、「お金持ちになりたい」と話す数名の若者に、どうしてお金持ちになりたいのかと聞いたことがあります。するとその多くが、「お金がたくさんあったほうが幸せだから」と答えました。

私は思わず聞き返しました。

「お金があると、どうして幸せなのですか?」

この私の問いには、大きく分けて二つの答えが返ってきました。

「何でも欲しいものが買えるから」

「働かなくてもすむから」

欲しいものが買えるお金があれば幸せだと考える人たちに、「では、欲しいものって何ですか?」と聞けば、最初のうちこそ「マンション」「外車」など出てくるのですが、すぐに言い尽くされてしまいます。「プライベートジェット」などと答えてみても、それを使って実際にどこに行くのかといったら、具体的に答えは得られません。**本当は、心から欲しいものなどたいしてないのです。**

働かないですむほどお金があれば幸せだと考える人たちに、「では、働く代わりに何がしたいのですか?」と聞くと、答えはさらに怪しくなってきます。実際に、仕事をやめれば暇を持て余してしまうし、毎日、旅行やグルメに明け暮れていてもすぐに飽きてしまうかもしれないと思えてくるようです。

つまり、ほとんどの人が、曖昧なまま「お金が欲しい」という願望を抱いており、まるで「今の自分はお金がないからうまくいかないのだ」と思い込んでいるようなのです。

そもそも、本当にお金は「あればあるほど幸せ」なのでしょうか。

かつて、大阪大学の筒井義郎教授が行ったアンケート調査では、非常に興味深いデータが公表されました。

それによると、**世帯年収が１５００万円までは、収入が上がるに比例して幸福度も増えるが、それを超えると幸福度は増加しなくなるというのです。**

この理由は何なのでしょう。

年収１５００万円まで収入と幸福度が比例するのは、その段階まではお金の使い道が比較的見えやすいからではないでしょうか。ベンツに乗りたい、高級住宅地に家を建てたい、上質なブランド品を身に着けたい、週に2回は贅沢な外食をしたい、豪華客船で旅をしたいなど、具体的にイメージしやすいのです。

ところが、年収が１５００万円を超えた人の多くは、こういった望みをすでにかなえています。何かを買いたい、贅沢をしたいというレベルを超え、今度は資産を減らさずどう守っていくかという不安が首をもたげてきます。税金対策に神経をすり減らしたり、近づいてくる人が自分の財産を狙っているように思えることもあるでしょう。

どうやら、**収入がある一定以上になると、逆に幸せを感じにくくなるようです。**

ゴールを「曖昧」にしないコツ

こうしたデータからもわかるように、漠然と「もっと○○があれば幸せだろう」と考えるのは意味がないことです。あなたが、「今の自分自身の状態は理想と異なっている」という不満を抱えているとしても、それは置かれた環境のせいではありません。

「給料が安いから」
「美人じゃないから」
「学歴が低いから」
「妻の協力が得られないから」

どれもこれも見当違いです。「○○がない」から満足できないのではなく、どうなりたいかが具体的でないから充たされることがないのです。

そもそも、なんとなく「お金持ちになりたい」という願望を抱いているだけでは、具体的行動が伴わないため、お金持ちになることはありません。

さらに言うと、具体性のない願望を追い求める人は、他人よりずっと頑張って寝る間も惜しんで働き、たとえ年収が4000万円になろうと6000万円になろうと、満足することはできません。「もっとないとまずいんじゃないか」という不安感に絶えず苛まれることになります。

こんな状態を幸せだと言えないことは明らかです。願望は具体的に描き、その願望の先にあるものまで見据えてこそ現実の形になっていきます。

大事なのは、**何らかの願望を持ったら、それがかなったとき自分はどんな状況になるか、その状況で自分はどうしたいのかということを具体的に考えることです。**

設計図がなければ建築物が完成しないように、満足のいく人生にも具体的な設計図が必要です。もちろん、設計図を書くためには、曖昧な表現は向いていないということはわかるでしょう。「柱は多めに立てて」だの「頑張ってブロックたくさん積んで」だのと言っていたら、そのビルは完成して数年で崩壊してしまいます。

あなたは、自分というビルを建て直したいと考えています。どうせなら、大きくて立派なかっこいいビルにしたいと思っているのでしょう。それは大いに結構です。

しかし、建ったはいいが、空室だらけの傾いたビルにしたくはないはずです。

そのビルをどう活用し、メンテナンスしていきましょうか？

今日から一切の曖昧さを排除して、人生の設計図を書いていきましょう。

人との比較では真の幸福は得られない

国際的な調査機関であるギャラップが発表している、世界の国々の「幸福度ランキング」では、1位デンマーク、2位フィンランド、3位ノルウェー、4位スウェーデンと北欧諸国が上位を占めています。

81位の日本をはじめ、物質的に豊かな国の人々があまり幸福感を得られないでいるのは、物質主義に傾きすぎているからでしょう。**物質はいくらあっても「これでよし」という判断が下しにくいものです。**

私は、かつてサハラマラソンを完走したとき、モロッコのホテルに泊まりました。ベッドはギシギシ鳴るし、虫も出るし、バスタブはなくシャワーのお湯はすぐに冷たくなるようなホテルでした。日本の生活に慣れきっているいつもの私だったら、不満たらたらになるところです。

しかし、その夜は、過酷な砂漠での数日間から解放されたばかりだったので、天国のように思えました。ほかの日本人参加者も、「屋根がある」「ドアが閉まる」「水が出る」「電気がつく」といったことで、いちいち大喜びしていました。

私はこのとき、「幸せとは自分のとらえ方で決まるものだ」ということを、はっきりと理解しました。

同じ環境でも幸せだと思う人もいれば、不幸せだと思う人もいます。

せっかくの人生を与えられておきながら、わが身の不幸を嘆く人は多くいます。日本という非常に恵まれた国に生まれながら、「あの人はもっとすごい」「せめてトップ2割に入らなくてはダメだ」などと、人と比較しての不満を常に先行させます。

逆に、人と比較して満足を感じようとする人もいます。「彼と比べたら自分は優れている」「真ん中くらいだからOKだ」といった具合です。

どちらも、自分軸で生きていないため、真の幸福感を得にくくなります。

ある大企業に同期で入社した二人の男性がいます。仮にA氏とB氏としましょう。今は40代後半ですが、入社したときからウマが合って、よく飲みに行ったりしました。ところが、30歳の声を聞いてからは、ほとんど交流がなくなりました。というのも、あまりにも生活環境が違ってしまったからです。

A氏は、学生時代からの彼女と20代後半に結婚し、ローンでマンションを買いました。今は二人の子どもの学費がかさむ時期ですが、なんとかローン完済できそうです。そのことをとても幸せに思っています。今の望みは、もっと自分の時間をつくって英会話の勉強を始めたいということです。

一方、B氏は、そんなA氏を見下すような発言をするようになりました。

「絵に描いたようなマイホームパパだな。つまらなくないのかよ」

B氏は結婚もしていないしマンションも持っていません。その分、自由になるお金はA氏よりもたくさんあります。英会話教室だって、行きたければいつでも行けます。だから自分のほうが面白く生きていると思っています。

これは、どちらがいいとか悪いとかいう問題ではありません。個人の価値観の相違はあっていいのです。

ただ、私が注目しているのは、**A氏は自分に幸せを感じているけれど、B氏はA氏との対比で自分の人生を語っているということです。**そうしたやり方は、自分の人生と向き合うことを邪魔します。自分軸で人生をとらえることができず、いつも誰かとの比較に頼ることになります。だから、変わろうにもどう変わっていいかわからなくなります。

A氏は、今も幸せではあるけれど、現状を変えたくないわけではありません。英会話教室に通うことで自分を変えたいと思っています。人との比較ではなく自分軸で人生を見据えているから、具体的な道が見えています。A氏はこれからもいろいろ変わっていくことができるでしょう。そして、幸福度の高い人生を送ることになるでしょう。

一方、A氏との比較で満足感を得ているB氏は、大金持ちになった同級生C氏や、研究が認められ有名になったD氏と比べると、一気に雲行きが怪しくなります。

「ダメだ。もっともっとだ」

しかし、目指しているところが自分軸でないため、とる行動も曖昧になるし、どこに着地したとしても、そこが本当に自分が望んでいたところだという満足感が得られません。

自分の幸福度は、間違いなく自分が決めるということです。

「MORSの法則」で自分を動かす

「自分にとって何が幸せなのか」「どんな自分になりたいのか」ということが自分軸で具体的に描けていなければ、いつまでたっても不満ばかりが目につき、不幸感が募っていくだけです。

ただ「幸せになりたい」と漠然と思うだけでは、永遠に幸せになれません。曖昧な願望を口にする人ほど、ただ現状に不平不満を言い続けるだけで、それらを解決するための行動はとらずに終わります。もっと正確に言うなら、どういう行動をとればいいのかわからないのです。

行動科学マネジメント理論では、曖昧さは徹底して排除されます。

私たちは、自分でも気づかないところでとても曖昧な判断をし、それによって多くのロスを生んでいます。

たとえば、何か新しいことをやろうとするとき、「一生懸命やろう」「とにかく頑張ろう」といった思いで取り組むのはよくあることです。

しかし、**「一生懸命」とか「頑張る」という言葉はかなり曖昧で、具体性がありません。**だから、いくら自分に言い聞かせてみても、なかなか行動が伴わないのです。

真面目な性格で物事にきちんと向き合おうとする人ほど、このような曖昧な言葉で自分を焚《た》きつけようとしがちなので、注意が必要です。

行動科学マネジメントでは、誰が聞いても同じように動ける言葉しか使いません。

行動科学マネジメントが認める行動は、**「MORSの法則」**という概念で定義づけられたものだけです。**「MORSの法則」**は、以下の四つの要素の頭文字をとってつけられました。

M＝Measured（計測できる）
O＝Observable（観察できる）
R＝Reliable（信頼できる）
S＝Specific（明確化された）

これらを充たした形でとるべき行動を示してあげたとき、はじめて人は「どう動いたらいいか」がわかります。

セルフマネジメントにおいても同様で、あなたは自分自身に具体的な指示を出してあげなくてはなりません。それをしないで「できない自分はダメだ」というのでは、あまりにも自分がかわいそうです。

「スタート」と「継続」は別の行動である

「目的をかなえる」ため、「なりたい自分になる」ためには、理想の行動を1回だけとれればいいというものではありません。それを継続できてこそ可能になります。

たとえば、「怒りっぽい自分を変えたい」のなら、苛立ちそうなことが10回あったうちの8回は穏やかにやり過ごしたいと思うでしょう。ところが、最初の1回はそれができても、すぐにもとに戻ってしまい、自分に失望することになります。

物事を始めるのは比較的簡単でも、続けることは難しいのです。

継続できない自分、何事も三日坊主になってしまう自分に嫌気が差した経験は誰にでもあると思います。始めた当初はできたのにだんだん続けられなくなってしまうのは、あなたに限ったことではありません。

それにしても、なぜ多くの人が、始めたことを続けられずに悩むのでしょうか。

その最たる理由は、**「始める」と「続ける」は別物であることです。**二者はセットではないので、必ずしも両立しません。だから、始めたことを続けられないというのは自然なことです。

行動科学マネジメントでは、思うように結果につなげられない理由は二つしかないと考えています。

1 やり方がわからない

2 やり方はわかっているが継続の仕方がわからない

最初の理由である「やり方がわからない」とは、たとえば禁煙やダイエット、英語学習をどうやればいいかわからなければ、それらに成功することもできないということです。

しかし、これだけの情報社会において、方法そのものはたいていの人はわかっています。ダイエットなら、食事制限の方法も運動法もたくさんあります。それを知るために書店などに行かずとも、インターネットに情報は溢れています。だから、やり方そのものはすでにわかっていることが多いものです。

より問題になるのは、2番目の「やり方はわかっているが継続の仕方がわからない」というものです。実は、多くの人が継続の仕方を知りません。これまで、教師や親から何かの継続法を教わったことがあるという人のほうが少ないはずです。そういう環境で大人になったのだから、続けられないのは無理もないことです。

「続けられない自分は意志が弱い」のではなく、続けられないのは当然のことと考えてください。そして、だからこそ**続ける仕組みを考える必要があるのです。**

「すぐに結果が出る」ようにスタートする

「始める」ことに関して大事なのは、**「ハードルを低くする」**ということです。

たとえば、はじめて跳び箱に挑戦する人が、いきなり8段を跳ぼうとしてもできるはずがありません。2段くらいが跳べるようになったら次は3段、4段と増やしていくことで、いつか8段を跳ぶこともできるようになるでしょう。

健康のための運動習慣を身につけたいと考えたときに、「1日30分歩く」というものなら、今すぐにでも抵抗なく始められそうです。でも「5キロ走る」としたらどうでしょう。「今日は寒い」「ちょっと風邪気味だ」などと、スタートを延ばし延ばしにしてしまうかもしれませんね。

また、**「環境を整える」**のも、始めるためには効果的です。かっこいいウェアや履き心地のいいシューズがあれば、少し運動してみようという気持ちにもなるでしょう。友人を誘って一緒にやるというのもいいかもしれません。

しかし、かっこいいウェアや履き心地のいいシューズを揃え、友人も巻き込み、1日30分歩くということにして、それでも、1週間もしたらやめてしまう人もいます。それは、

「いい結果がなかなか得られない」からです。

運動するようになってすぐに体重が減ったり、血圧や中性脂肪などが理想的な数値になれば、俄然、続ける気になるでしょう。しかし、現実にはそううまくはいきません。だから「もういいや」と投げ出してしまうのです。

第1章で触れた「ＡＢＣモデル」という概念を思い出してください。**「いい結果をすぐに得られる」とわかったときに、人は積極的にその行動を繰り返します。**

だから、運動したからといってすぐにいい結果が手にできないのであれば、自ら別のいい結果を用意してあげることで、行動を継続させていきましょう。

つまり、**行動をとれた自分にご褒美をあげる**のです。

「達成感」という報酬があれば、人は自発的に行動する

行動科学マネジメントでは、いい結果がすぐに得られなくてもその行動を続けるために、「報酬」を用意することが多々あります。ただし、高価なものではなくて、できれば金銭を伴わないもの。伴ったとしてもごく少額のものです。

たとえば、上司が部下に望ましい行動を繰り返してもらいたいときに用いるべき報酬は何でしょうか。高価なレストランでごちそうすることでも、昇給を匂わせることでもありません。**最も効果的な報酬は何かといったら、「褒めること」です。**ここには1銭の金銭も発生しません。

ただしセルフマネジメントの場合は、もう少し自由に考えていいでしょう。

「ダイエットが成功したら、憧れのホテルのプールに行こう」

「英会話教室に3か月通えたら、新しいスーツを買おう」

こうして、金銭が伴う報酬を自分に与えてあげて結構です。何度も述べているように、「意志の力で継続しよう」などと考えるからつまずくのです。目の前にニンジンをぶら下げて自分を発奮させるという方法は悪くありません。

そして、とにかく続けているうちに、**「自分はできている」という達成感を得られることが非常に大きな意味を持ちます。**

上司が部下に与えられる最高の報酬は「褒めること」だと前述しました。上司に褒められ、認められることで、「できているんだ」「自分は貢献しているんだ」という達成感が得られ、部下は望ましい行動を自発的に繰り返すようになります。

子どもたちの学習でも同様です。わからなかったことが理解できたという達成感によって、勉強好きな子どもが育ちます。

同じことがセルフマネジメントにおいても言えます。ニンジン目当てでいいから続けているうちに、それなりのいい結果が出ます。そこで得た「できた」という達成感は、「また次のことも続けよう」と思える材料になります。

つまり、**達成感自体が強力な報酬となるということです。**

ここまできたら、シメたものです。とくにニンジンを用意しなくても「結果を出して、またあの達成感を味わいたい」と思えたら、何だって続けられるでしょう。

「やらなければ気持ち悪い」のが習慣化

以前、毎日1時間の勉強を365日欠かさずに続けているというビジネスマンに会ったことがあります。夜はどうしても不規則になるので、朝5時から6時までの1時間を何かしらの勉強に費やしているというのです。

「よく、そんなことが続けられますね」

感心する私に、彼はこともなげに言いました。

「いや、もうすっかり習慣になっているので、やらないでいると気持ち悪いんです」

彼いわく、毎朝の勉強は洗顔と同じようなものなのだそうです。もちろん、そうなるまでは大変だったことでしょう。でも、**どんなことでも習慣になってしまえば、苦もなく行動を継続できるということです**。

たとえば、歯磨きの習慣を考えてみれば明らかです。幼い子どもにとって、歯磨きは面倒くさいものです。親から口うるさく「歯を磨きなさい」と言われて抵抗したり、渋々磨いていた頃を、あなたも覚えていることでしょう。

しかし、嫌々でも少しずつやっていくうちに、いつの間にか歯磨きという行動が習慣化されていったはずです。今となっては、もし歯を磨くことを禁止されたら、「気持ち悪いから磨かせて」とお願いしたくなるでしょう。

彼は自分の勉強を、ここまで持ってくることができたわけです。

ちなみに私も、朝のランニングが習慣になっており、走れない日が続くと「気持ち悪いから走りたい」と感じます。でも、それも最初はニンジンを用意していたからこそできたことです。

いい結果を手にできる行動を習慣化し、悪い結果につながる行動習慣は断ち切りましょう。そのためには、ご褒美や達成感の力を大いに使ってください。

人はいつからでも変われる

人に嫌われる言葉の代表的なものに、「どうせ」があります。

「どうせオレは期待されてないから」

「どうせ私なんかモテないし」

「どうせあいつは要領よくやるんだろうさ」

こうした言葉が口グセになっている人は、間違いなく今の自分に満足していません。かといって、積極的に状況を変える努力もしません。だから、周りの人間はうんざりしてしまうのです。

人生、投げやりになっていいことなど一つもありません。

アップル社を創立したスティーブ・ジョブズが、膵臓《すいぞう》がんに冒されながら最後まで情熱的に仕事をしたことは、世界中の人たちに感動を与えました。彼は、がんが全身に転移してもなお、投げやりになることはありませんでした。

もっとも、彼が厳しい局面において物事を投げ出さずにきたのは、このときばかりではありません。自ら立ち上げ成功させたアップル社から一度は追放されたにもかかわらず、彼は返り咲いてCEOに就任しました。しかも、年1ドルの基本給与しか受け取らずに、傾きかけたアップル社を再生させたのです。

しかしながら、私たちはスティーブ・ジョブズになる必要はありません。人には一人ひとり違った価値があり、自分軸でその価値を生かしていくことこそが重要なのです。

人は誰でも変われます。

誰でもやりたいことを成し遂げられます。

しかし、「どうせ」を言った瞬間に、そのチャンスは遥か遠くへ行ってしまいます。

自分を変えるということは、今の自分の否定ではありません。今の自分からの成長です。だから、今の自分を嫌悪しないこと。今の自分を認めるところからしか、スタートは切れません。

タバコをやめられなかったあなたが禁煙できて、しかも運動習慣まで持てるようになれば大変身です。

でも、それをやり遂げるのは、ほかならぬ今のあなたなのです。

つまり、今のあなたには大きなポテンシャルがあるということです。そこに気づいて行動してこそ、あなたはいかようにも変わることができます。

投げやりな言葉は絶対にNG。自分を信じて、かつ肩の力を抜いていきましょう。

新しいことは三つずつ始める

今の自分を変えるということは、別の人格にすり替わることではなく、今の自分がよりよくなること。それは、一気にではなく「少しずつ」であるべきだということを知っておいてください。

少しずつ着実にやるからこそ、歯磨きのように習慣化していきます。たくさんのことを一度にやろうとしたら、必ず無理が出ます。結局、何一つ習慣化できないまま放り出すことになります。

行動科学マネジメントの優れた点は、再現性の高さにあります。企業がこのメソッドを取り入れれば、ある一つの仕事を誰がやっても同じようにできるようになります。その結果、一部の優秀な社員に頼るのではなく、すべての社員の底上げが図れ、企業の業績は安定成長していきます。

もともと、一部の優秀な社員は勘で動いていることが多く、自分の行動を案外わかっていません。そのため、部下指導となると皆目ダメだったりします。だから、行動科学マネジメントでは、一部の優秀な社員に頼ることはかえって危険だと考えるのです。

この特性をセルフマネジメントに生かすには、自分に対して「一部の優秀な社員であろうとしないこと」に尽きます。つまり、**頑張りすぎは禁物ということです**。

行動科学マネジメントでは、「**新しい行動を身につけるときは、せいぜい三つから**」としています。たとえば、新入社員に仕事を教えるときも、簡単なことを三つずつやってもらって、それが確実にできるようになったら次の三つに移るという具合です。

あなたが始めようと考えていることにも、この法則を当てはめてみてください。

英語の勉強をしようというなら、1日に覚える単語は三つまで。

運動習慣を身につけたいなら、せいぜい週に3回ずつ。

もちろん、厳密に三つずつというわけにはいかない分野もありますが、「物足りないと感じるくらい」と考えてもらえばいいでしょう。

ここで大事なのは、**小さなこと一つひとつについて、「できた！」と達成感を味わう**ということです。達成感の心地よさを、自分に知らせてあげてください。自分を褒めて、有能感に浸ってみましょう。こうして「いい結果」を自らに与えることで、次の行動が簡単にとれるようになります。

本書を手に取ってくれるような前向きなあなたのことですから、「もっともっと」と先を行きたくなるかもしれません。しかし、これまで述べてきたように、ハードルを高くするのは逆効果です。

ここはグッと我慢して、少しの行動を確実にやることに注力してください。

無理をして失敗すると、認知を大きくゆがめ、思い込みによって自分の首を絞めることになりかねません。実際は、どんなに大失敗しようがあなたという人間がダメだなどということはありませんが、**認知がゆがむと誤解して自ら負のレッテルを貼ってしまいます。**

そんな繰り返しは、もう終わりにしましょう。

日々のストレスは「見える化」ではき出す

私が「小さな行動から」と繰り返し述べているのは、**行動は小さければ小さいほど取り組みやすいだけでなく、曖昧さが排除されるからです。**

「1日に英単語を三つずつ覚えよう」というのは明確です。やってみて、実際にできているかそうでないかも検証できます。でも「これから1年間、英語の勉強をしよう」というのはずいぶん曖昧です。

「やったと言えばやったし、できなかったと言えばできなかった。どう自己評価していいのやら……」

こういう曖昧さは、気づかぬうちに私たちに大きなストレスを与えます。前向きに頑張っているわりには、いつもイライラした感じが抜けなかったり、充実感が得られなかったりするのです。

第3章で述べたように、不安や怒りといったマイナス感情も、その正体を見極めれば解決できますが、曖昧に放っておくとどんどん増幅します。

私たちは、**日々の暮らしにおけるストレスを最小限にするために、できるだけ曖昧さを排除し、「見える化」を進める必要があります**。漠然と頭の中に何かを持ち続けることをやめるのです。

たとえば、あなたが会社の廊下で社長とすれ違い、「3日の午後4時半に、新商品パンフレットを18通届けてくれ」と言われたとしましょう。あなたは、自席に戻ってそれを手帳にメモするはずです。メモしてはじめてほっとすることができます。「とりあえず、今は忘れていていいや」と。

ところが、メモをとる前に上司がやってきて、明日のプレゼンについてあれこれ質問を始めたらどうでしょう。その質問には答えなければならないし、社長の命令内容は覚えておかなければならないし、結構ストレスが溜まります。

いろいろなことを、自分の頭の中に抱え込まず、見える化していきましょう。

幸運にも、現代を生きる私たちは「道具」に恵まれています。便利なものは何でも活用して、ストレスから解放されましょう。

「チェックリスト」はセルフマネジメントにこそ有効

行動科学マネジメントで最も頻繁に活躍するツールは**「チェックリスト」**です。ペラ1枚の簡単なものから、重層的にチェック項目が並ぶものまで、実に多様なチェックリストを使います。

その目的は、**仕事を確実にできるようにすることです。**たとえば、部下に仕事を教えるときは、一連の仕事を細かく行動分解し、一つひとつをチェックリストに落とし込みます。そして、その行動がとれたらチェックを入れていくということを、上司と部下が一緒にやっていきます。これを繰り返しているうちに習慣化して、上司が言わなくても部下は正しくできるようになります。

新入社員に社会人としての基本マナーを身につけさせるときなども、チェックリストがあればずっと容易になります。「もっときちんとしろ」だの「だらしなく見えるぞ」だのと、曖昧な注意をしているから新人には理解できないのです。

「服装」「髪型」「清潔感」など、大きな項目を設定してから、さらに細かい項目をチェックリストに出していきます。

たとえば、服装については、「ズボンの折り目はついているか」「ネクタイの結び目は緩んでいないか」「靴は磨けているか」などなど。

清潔感なら、「爪は汚れていないか」「ふけは落ちていないか」「口臭はしないか」といった具合です。

こうした項目の一つひとつにチェックを入れながら身だしなみを整えているうちに、やがてそれらが習慣化し、上司が心配する必要はなくなります。

こうしたチェックリストは、セルフマネジメントにも大いに役立ちます。

健康についてきちんとマネジメントしたいなら、「食事」「運動」「睡眠」など大きな項目を立て、その中に「3食きちんと食べた」「野菜を食べた」「ファストフードは食べなかった」とか、「1駅分歩いた」「駅では階段を利用した」「腕立て伏せを10回やった」など、自分で小項目をつくって書いていきます。そして、それができたらチェックボックスにチェックを入れます。

このとき、**「動作として自らチェックを書き入れる」**ということが大事で、「頭の中でチェックした」ではダメなのです。チェックリストに書き込むことで「今日もできた」という達成感を得ることができ、それが思いのほか継続の大きな力となります。

精神的な面や、周囲とのコミュニケーションについても、チェックリストでマネジメントしてみましょう。

「勝手な思い込みはしない」
「イライラしたときは深呼吸」
「朝、鏡の前で笑顔をつくる」
「人に会ったらこちらから挨拶する」
「過去の嫌な経験を思い出さない」

などなど、あなたが「こうありたい」と考えていることを、チェックリストに落とし込んでみましょう。

そして、できたらチェックを入れて、「よしよし、この調子」と喜んでください。

「便利なデジタルツール」を使いこなす

最近、あちこちで**「ライフログ」**という言葉を耳にするようになりました。

直訳すれば「人生の記録」であるライフログとは、インターネットサイトやアプリケーションを使って生活の記録をデジタルデータに残すというものです。

訪問したウェブサイトや位置情報などが記録事項の基本ですが、使用するアプリケーションによっては、睡眠時間や起床時間、移動先や移動した距離、食事、読書、睡眠といったものも記録できます。

私たち人間の記憶力には限界がありますから、大いに利用する価値があるでしょう。

こうしたサイトやアプリを用いて記録を行うと、過去のデータと簡単に比較することもできます。ある行動の頻度を見たり、グラフ化することも可能になります。また、内容をウェブ上に保存することで、パソコン、スマートフォン、携帯電話、モバイルといったあらゆる媒体から接続できるので、時間や場所を選ばずに記録や閲覧ができます。

ライフログの内容は、好みに応じていかようにも決められます。何時に起き、朝食に何を食べ、目的地までどの交通機関を使ったか。その日の仕事の内容や会った人、飲食した店などをすべて事細かに記録してもいいですし、もっとポイントを絞って記録してもかまいません。

ライフログのためのツールはいくつかありますが、**「Evernote」**を用いると効率よく行えます。「Evernote」はウェブ上にメモや写真などを保存しておき、いつでも閲覧できるクラウドサービス。言わば自由に使えるデジタルなノートです。期間は無制限で、日々の記録以外にも名刺のスキャンや整理、好みのウェブサイトの保存など多数の用途があります。

この「Evernote」への記録をさらに快適に行うために、私はiPhoneアプリケーションの一つである**「i-ライフログ」**を活用しています。「i-ライフログ」は、「Evernote」と完全に連動でき、データをすべて「Evernote」に送ってくれます。記録内容の編集も「Evernote」で行うより格段にラクで、変更した内容はそのまま「Evernote」に送られるのでとても便利です。

資格試験にチャレンジしたり語学を勉強したりという人には、**「スタディプラス」**というSNSが利用する価値があります。

これは、自分が使用した教材、内容、時間などを記録し、twitterと同様のタイムラインで共有することができるものです。仲間から励ましや刺激を得られ、楽しく勉強を続けられるサービスです。

いい行動を継続するには、「感謝」や「称賛」といった報酬が不可欠です。デジタルツールを上手に使うことで、自分の環境に感謝したり、ほかの人から褒めてもらったりして、いい行動を長く楽しみながら続けていきましょう。

もちろん、これらのツールを取り入れなければいけないというわけではありません。便利なものはとりあえず活用し、「いい行動をラクに継続できれば儲けもの」といった気軽なスタンスで使ってみましょう。

※「Evernote」テキストファイル、メール、写真、音声ノートなどをすべて保存でき、検索で探せるアプリ。名刺や請求伝票などを写真で撮影して保存しておいても検索できるのが便利です。容量によって、無料版と有料版があります。

※「i-ライフログ」「Evernote」にライフログを残すためのアプリ。様々なカテゴリーのアイコンを使って、写真やメモとともにログを残すことができます。

※「スタディプラス」資格取得や受験に向けた勉強を応援するアプリ。勉強時間やボリュームをはかって記録すると進捗状況がグラフになり、同じ目標を目指す人とつながるSNS機能もついています。無料でダウンロードできます。

ライフログで「できる自分」を実感する

私がとくにおすすめしたいのは、「今日あったよかったこと」をライフログに三つ記録し、それによって達成感を得るというものです。

デジタルなデータに残すことがかえって億劫に感じられたり、手書きのほうが好きだという人は、ノートを1冊用意し、そこに記録していってもいいでしょう。

手書きでもいいとなると、「日記とどう違うのか」という疑問がわくかもしれません。**日記と違う点は、よかったことにのみ着目して記録するということです。**ここに大きなポイントがあります。

毎晩寝る前に1日を振り返り、よかったことを三つ探してみましょう。それによって、「いいことが三つもあった1日」を毎日終えることができます。

「取引先のS社との交渉がうまくいった」

「久々に友人Tと会って楽しい時間を過ごした」

「探していた古本が見つかった」

どんなレベルのどんな内容でもかまいません。自分があとで見返してわかるように、頑張った仕事の内容、会った人の名前、本のタイトルなどは具体的に記録します。

自分のための記録ですから、「立派な内容にしなければ」と思う必要はありません。大きなことでなくていいので、三つよかったことを探してみましょう。どう思い出しても、とくにこれといっていいことがなかった場合は、当たり前と思えるようなことでもOKです。

「1日3食、食べることができた」
「電車が時刻通り動いた」
「忘れ物をしなかった」

くだらないことだと思わないでください。こんな小さなことだって、充分に自分への報酬とすることができるのです。

私たちの人生は、今日という日々の積み重ねです。「今日もつらかったけれど、すべては将来のためだ」というのでは、いくら頑張っていてもいい人生にはつながりません。いい1日が積み重なれば、それは間違いなくいい人生です。だから、**「今日もいい1日だった」と感じることは、非常に重要なことです。**

そのとき、「いい1日だったと思おう」ではどうにも曖昧で実行しにくいですが、「なぜいい1日だったのか」を具体的に挙げるようにすると明確に実感できます。それによって、ネガティブな認知のゆがみに陥ることも少なくなります。

また、**出来事や行動のいい部分を意識できるようになるので、さらなる成果に向けて積極的に動けるようになります。**精神的な効果とともに、有益な行動が増える実利的効果が非常に大きいのです。

「サンキューカード」で人間関係のストレスをなくす

さて、ここで一度、基本に立ち返りましょう。あなたが「自分を変えたい」と思うのはなぜでしょうか？

仕事でもっと成果を出したい、時間を有効に使えるようになりたい、ダイエットに成功したい、英語がすらすら話せるようになりたい……。「なりたい自分」の姿はいろいろあると思いますが、その根本には**「自分という人間の価値を自分自身が認めたい」**という願望が存在するのではないでしょうか。

だとしたら、**自分を価値ある人間だと実感できる場面をたくさんつくってあげること**は、人生にとってとても有益なはずです。なかでも、周囲から感謝をもらうことは、自分の価値を実感するのに最もいい方法です。そんな機会を自ら増やしていきましょう。

行動科学マネジメントの重要なツールに**「サンキューカード」**があります。

サンキューカードは、その名のとおり「感謝」の気持ちをしたためるカードです。感謝されて嬉しい気持ちにならない人はいません。誰かを嬉しい気持ちにさせることができたなら、それだけであなたは素晴らしい存在です。

また、あなたが誰かにサンキューカードを手渡すことをしていたら、あなたも誰かからそれを受け取ることができるでしょう。

サンキューカードは大げさなものでなく、どんな紙を使ってもかまいません。ただ、簡単に書けることと、短い文章ですませられることが大事なので、持ち運びに便利な名刺サイズくらいのものがおすすめです。

それをいつもポケットに入れておき、小さな感謝のネタがあったらすかさず書いて、相手に手渡すかデスクに置くかします。

「今日はいろいろ教えてくださりありがとうございました。とても助かりました」

このくらい簡素な文面でも、もらったほうは充分に嬉しい気持ちになります。

ある大型書店では、サンキューカードを導入することで、社内コミュニケーションが見違えるほどよくなりました。

その書店では、チームごとに担当するフロアがはっきり分けられていました。そのため、お互いにフォローし合う土壌がなく、普段から職場にギスギスした空気が流れていました。

繁忙期にも手を貸し合わない状況に危機感を感じた経営陣が出した指令が、「全員、毎日1枚、サンキューカードを書くこと」というものでした。

従業員同士、誰でもいいから感謝の気持ちを書いたカードを最低1枚渡すことを義務づけたのです。

となると、何か感謝のネタを探さなくてはなりません。同じチーム内では限界がありますから、自ずと違うチームの人たちとも交流を持つようになりました。

「Mさんは忙しい中、いつも積極的に電話をとってくれます」

「3階の新人Kさんの挨拶が気持ちいい」

「料理本コーナーの陳列が素敵で勉強になりました」

こうやって無理にでも感謝のネタを探しているうちに、お互いに対する理解が深まり、それまでとは職場の雰囲気がまったく変わったといいます。

最初は表面上のいいところ探しをしていたら、本当にいいところが見えてきたというわけです。

私たちのストレスの8割は、人間関係に原因があるとされています。みんな「誰かの存在が気に入らない」のです。しかし、本当に憎たらしい人などほとんどいません。たいていは**認知のゆがみが「嫌いだ」と思わせているだけ**です。サンキューカードで、そういう状況から抜け出しましょう。

そして自分も感謝をもらって嬉しい気持ちになりましょう。

「サンキューカードなんて、そんなちっぽけなもので何が変わるんだ?」と疑問を持つなら、とにかくやってみてください。何もせずに批判だけしているうちは、自分を変えることなどできません。

「実況中継」で意識を現実に戻す

一昔前までだったら、「私は日常的にメディテーションしている」などと言おうものなら「変な人」と思われたことでしょう。メディテーションは、宗教的意味合いが強く、特別な人たちが行うものと見なされていました。しかし、今や心を整え自分と対話する知的な行為と理解されるようになりました。

身体一つあればどこでもできるメディテーションは、ストレスフルな社会に生きるあなたを支える最強のツールとなり得ます。

一般的には座禅スタイルを思い浮かべる人が多いかもしれませんが、必ずしもじっと座って行う必要はありません。要は**「今ここにある自分」を意識すること**ですから、歩きながらでも、仕事をしながらでも実行可能です。私の場合、ランニングをしているときがメディテーションタイムです。

何も難しく考えることはありません。ただ目を閉じて意識を「現実」「今」に向けるだけでも、ささくれだった気持ちがすーっと落ち着いていきます。

「目を閉じても、いろいろ過去や未来のことばかり考えてしまう」というなら、テーラワーダ仏教の重鎮《じゅうちん》、アルボムッレ・スマナサーラ氏が提唱している**「自分の行動を実況中継する」**という方法を試してはいかがでしょう。

テーラワーダ教では、自分が今やっていることに全神経を向け実況中継するメソッドを取り入れており、認知行動療法やマインドフルネスの見地からも、非常に有効なこととされています。

それは、「今自分が行っていることを一つひとつ言葉にして頭の中で確認する」というシンプルなものです。自らの行動をあたかも読み上げるように自覚することで、過去や未来に意識を向けず、今だけに集中する効果があります。

たとえばご飯を食べているとき。

「箸を右手に取りました。茶碗に左手を伸ばしました。茶碗を持ち上げました。箸でご飯を掴み上げました。ご飯を口に運びました。口に入れました。噛んでいます。飲み込みました」

このように、自分の行動をひたすら客観的に見つめます。

仕事中、不安を感じたり、イライラが募ったときなども、この手法で「現実」「今」に意識を戻すことができます。

「パソコンに向かっています。右手が動きました。キーボードを引き寄せました……」

「コピー機のカバーを開けました、書類を置きました、蓋を閉じました……」

頭の中で中継することで現在の自分の心身に意識が戻り、過去への後悔や未来への心配を排除できます。**結果的に、今やらなければならないことに集中しやすくなり、いい仕事ができるのです。**

「明日レポートを提出しなければならない。できなかったらどうしよう。ああ嫌だ」などと思うことはよくありますが、客観的に見ればそれは明日のことです。今この時点でやるべきなのは、そのレポートの一字一字を書くことです。

「今やらなければならないことが明らかなのに動けない」という心理状況において、実況中継は現実感覚を取り戻すためにとても役立ちます。**「結局、やらなければならないのは現在目の前にあることだけだ」**と自覚することは、健全な気持ちで行動を続けていくためにも非常に重要なのです。

大きすぎるものは分けて考える

デジタル社会になって情勢は様変わりしましたが、私が幼い頃は多くの家に百科事典がありました。我が家にも、1巻800ページほどの分厚いものが、12巻ほどセットになって、本棚に鎮座していました。

しかし、多くの家庭では、飾ってあるだけで実際に読まれることはあまりありませんでした。今思えばもったいないことです。もし、子どもの頃にあの百科事典を読破していたら、今よりはるかに物知りになっていたことでしょう。

ところが、私のような多数派を尻目に、ごくまれに「子どもの頃に百科事典を隅から隅まで読んだ」という経験を持っている人がいます。「広辞苑を全部読んだ」という人もいます。

これから新しい勉強を始めようという人、何か大きな仕事にチャレンジしようという人には、百科事典や広辞苑を読破した人たちのメソッドは役に立つかもしれません。それは、**「最初から小分けにする」**というものです。

目の前にある「やらなければならないこと」の分量が膨大だと、それを見ただけで私たちは大きなストレスを感じることになります。

「うわ、こんなにあるのか、ウンザリ」

その気持ちが、行動にストップをかけます。

なんとか気を取り直して行動してみても、全体からしたらほとんど進んでいないように思えてしまいます。

「これ、いつまでたっても終わらないよ」

毎日頑張ってやっているのに、ゴールが見えないことでストレスまみれになっていきます。そして、だんだんと嫌になってやめてしまいます。

こうしたケースでは、**「最初から小さく分解して、その日にやる分しか見ない」という方法をとると、無用なストレスから解放されます。**

百科事典や広辞苑を読破できた人に共通していたのは、「一度に読み進めるページを最初から決めて区切っておく」というものです。

８００ページで12巻あれば、合計９６００ページです。それを「全部読もう」と考えたら、なかなか取りかかることができません。

では、「１日10ページ」と決めたらどうでしょう。それは簡単なことです。そして、１日10ページ読んだら、毎日達成感を味わうことができます。

これを９６０回繰り返すと、いつのまにか９６００ページの百科事典は読破できることになります。たまにさぼる日があっても、３年足らずで終了です。

膨大な「やらなければならないこと」を全部見て、「まだまだだ」とストレスにするのはやめましょう。小さく区切ってやっつけて、そのたびに達成感を味わったほうがはるかに得策です。

「100かゼロか」ではない

「行動科学マネジメントでは曖昧さを徹底して排除する」ということを、たびたび述べてきました。

ただし、それは「100かゼロか」ということではありません。

この「100かゼロか」という思考は、一見明確なようでいて、実は根拠のない曖昧な概念です。実際には「23」だったり「74」だったりするわけで、**その数値を明確にすることが大事なのです**。

「白黒つける」も同様にNGです。物事はいつも真っ白や真っ黒ではなく、限りなく白に近い薄いグレーだったり真っ黒と見紛うばかりの濃いグレーだったり、その中間だったりして当然なのです。ここを理解しておかないと、認知をゆがめることになります。

あなたが行動して手にした結果は100でもゼロでもありません。真っ白でも真っ黒でもありません。できたこととできなかったことがあるはずです。

やたらと大きな目標を掲げたり、今の自分を否定しがちな人は、「100でなければ意味がない」と考えがちです。しかし、どんな人にも「パーフェクト」は不可能です。一度はできても、それを継続することは不可能です。だから、**「100を求める」思考は、自分に強いストレスを与え続けることになります**。

もっと自分を許しましょう。もっと自分を褒めましょう。「23」でも「74」でも充分に成果が出ているのです。**その数値をきちんと見据えて評価しましょう**。

「23までできたってことは、あと77必要なんだな」

これが事実です。それを認識すればいいだけのことです。

それをしないで「全然足りていない」とか「もう少しで届くのに」といった曖昧な感想を抱いているから、いつもモヤモヤするのです。

累積を計測して評価する

あなたは自分が行動した結果について、「成功か失敗か」ではなく、「六つできたけれど四つはできなかった」というように、事実に基づいた正確な認識をすればそれでいいのです。

ところが多くの人が「六つできたけれど四つはできなかった」という評価こそ曖昧だと考えます。「だから、それは成功したのか失敗だったのか、どっちなんだ」とすぐに問うのです。

さて、「六つできたけれど四つはできなかった」というのは、成功なんでしょうか失敗なんでしょうか。少なくとも「成功に向かっている」ことはたしかです。

自分のパフォーマンスを評価するときに大事なのは、点ではなく線で行うということです。つまり、ある一時点の出来不出来だけを見るのではなく、**一定期間の累積を計測して評価を行う**ことが最も重要なのです。そうしなければ本当の成果はわかりません。

営業の現場では、従業員がとってきた契約数を棒グラフなどにして掲示することがよく行われます。成果を目に見える形にして、従業員同士競わせ発奮させる目的があるのでしょう。

では、その棒グラフからは何がわかるかと言えば、たとえば「Z君の先月の契約が30件で、今月は18件である」といったことだけです。

ところが、ここで多くの人が数字のとらえ方を誤ってしまいます。

「Z君は、今月は先月の約半分しか契約をとれなかった」

だからZ君は落ち目になっているか、やる気を失っているかに違いないというマイナスの評価をします。

しかし、先月より今月のほうがいいか悪いかという比較は、一面的であまり意味がありません。**行動科学マネジメントでは、評価は累積で行うべきだと考えています。**

「先月が30件で今月が18件だから、2か月で累積48件もの契約に成功した」

これが、事実に基づいた評価であり、本人のいい行動を継続させる評価なのです。

この手法は営業成績に限ったことではなく、あらゆる評価の際に役立ちます。とくに自己評価を行うときには必須と言えます。

もし、半年前にできたことが8個、3か月前にできたことが5個、今月できたことが3個あったとしたら、あなたは自分をどう評価しますか?「自分はできることが減ってきている」「成長のスピードが遅くなっている」といった評価をして、自信を失ってしまうのではありませんか?

しかし、それは事実ではありません。正しい評価は、**「自分はできることを少しずつ増やせている」**ということです。

このように累積で考えれば、誰もが一日一日成長しているのだということがわかるでしょう。

第5章

落とし穴をよける

「将来のために我慢しよう」で人生を終えないために

日本にも外国にも、その土地ならではのお祭りがあります。

外国人が日本のお祭りに参加して不思議に思うことの一つに、「節度をもって乱れる」というのがあるのだそうです。

お祭りが最高潮に達し、みんなで飲めや歌えと騒いでいたと思ったのに、ある程度の時間になったら帰って行く。その理由を問うと「明日の仕事があるから」と答える。私たち日本人からすれば当然のことに思えますが、「今」を楽しんでいるはずなのに「明日」を心配することが、彼らには理解しがたいようです。

私は、「お祭りを楽しんだせいで翌日の仕事ができなくていい」などとは思いませんが、このエピソードから学べることがあります。

よく、「将来のために今を我慢すべき」というストイックな考え方をする人がいます。とくに、起業を目指している若者に多く見られます。その将来の目的が明確になっているならまだしも、**「今を苦労して我慢していれば、将来はいいことがある」と漠然と考えているのなら、その思考はさっさと捨てましょう。**

それは人生に立ち向かっているようで、実は現実から顔を背けているだけなのかもしれないということに気づいてください。

人生は今日という日の積み重ねです。「苦労」した日が続いた1か月は、苦労の1か月です。その1か月が続いた1年は、苦労の1年です。その1年が続いた一生は、苦労の一生でしかありません。

人生設計をしっかり立てることは大事です。しかし、それは「まだ来ぬ未来」にこそ自分の人生の価値があると思い込むことではありません。「今」を充実させる一日一日を積み重ねていくということです。

10年後のあなたは、今つくられるのです。このことを、常に忘れずにいてください。

「勝手な想像」でストレスをためない

私は仕事柄、経営者から若手のビジネスパーソンまでたくさんの人たちと接する機会があります。そこでわかるのは、どういう立場の人であれ何らかのストレスを抱えているということです。なかには過剰なストレスによって不安神経症やうつ病に悩む人も少なからずいます。「今」を充実させるには、ストレス解消は重要なテーマです。

ストレスの発生は、出来事と直結していると思われがちです。しかし、実は「出来事→ストレス発生」ではなく、「出来事→個人の認知→ストレス発生」というように、その人が出来事をどのようにとらえるかという「認知」が間に入ります。この認知がゆがんでいると、些細な出来事を過剰にネガティブにとらえ、自分で勝手にストレスを増大させてしまうことがあるわけです。

認知のゆがみは、もともとネガティブな感情が強い人のみに起きるのではありません。人の感情は常に一定ではなく、普段は物事を前向きに考えられる人でも、疲れていたり余裕がなかったりするとイライラ、クヨクヨして普段の認知とは大きく違った否定的なとらえ方をすることがあります。

「上司は陰で自分のことを悪く言っているのではないか」

「あの人は私とは相性が悪いような気がする」

「取引先の担当者に嫌われたらどうしよう」

実際には何もトラブルは起こっていなくても、人は妄想でネガティブワールドをつくりあげます。そのうち、現実に起きていることと妄想の区別がつかなくなり、妄想こそ事実だと思い込みます。

すると、世界は不安なことや嫌なことだらけ。これでストレス知らずでいろというのは無理な話です。

では、そうならないために私たちは何をしたらいいのでしょうか。

それは、**出来事や物事の「ありのままを見る」ということに尽きます。**この、ごくシンプルな行動だけが、あらゆる問題を解決してくれます。

目の前のことを、ただありのままにとらえるということができるだけで、ストレスや苦しい感情の多くの部分が解決します。

「メディテーション」の習慣を身につける

ありのままの現実を客観的に受け止める試み、それが「マインドフルネス」です。

マインドフルネスでは、過去や未来ではなく「今」「現実」にフォーカスすることに徹します。常に「今起きていること」のみに意識を向けるように心がけると、出来事や物事をよけいな色眼鏡をかけて見ることがなくなり、むやみに自分を追い詰めることをしなくてすみます。

マインドフルネスの状態に自分を持っていく手法はさまざまあります。なかでも、10年後のあなたのために、身につけておいて損はないのが**「メディテーション」**です。

日常的にメディテーションを取り入れている人は、世界的な成功者にも多くいます。

前出の故スティーブ・ジョブズ氏、米国の元副大統領でノーベル平和賞を取ったアル・ゴア氏、京セラ、KDDIの創業者で破綻した日本航空を立て直した稲盛和夫氏、経営の神様と呼ばれた故・松下幸之助氏、サッカー日本代表の長谷部誠選手など、数え上げたらきりがありません。

一般の人間からすれば、有名な成功者には鬱屈《うっくつ》や煩悩《ぼんのう》など微塵《みじん》もないだろうと思ってしまいますが、彼らとてストレスと無縁なわけではありません。むしろ、一般人には想像もつかないようなストレスを抱えているのではないでしょうか。

ここで大事なのは、**成功者たちは心の問題を放置しなかったということです**。だからこそ、今日の彼らがあると言えるでしょう。

精神面で何らかの不都合が起きたときに、それをどう解決するか積極的に情報を集め、その中から、たとえばメディテーションという行動を選んで実行する。こうしたセルフマネジメントこそ、彼らに大きな成功をもたらしたのでしょう。

ストレスから逃げるとさらに大きなストレスになる

「ストレスなんていちいち気にしてたら、やってられないよ」

完全にストレスから解放されるのは不可能だから、対処すること自体をやめてしまおうという意見も一部にはあります。「根性」があれば、どんなことでもなんとかなるというわけです。年齢の高い人ほど、そういう傾向が見られます。

しかし根性でなんとかなったのは、日本が高度成長期にあった頃までです。グローバル社会にあって世界は複雑に入り組み、必要でないものまで含めて情報の波が私たちを襲っています。

子どもが子どもらしくいられないから陰湿ないじめが起き、自殺事件にまで発展しているのです。それと同じように、誰もが自分らしい自分でいられない局面がたくさんあるのが現代社会です。こうした時代に旧態依然とした根性論で乗り切っていこうとすれば、事態は悪化するばかりでしょう。

成功したい、幸せに過ごしたい、お金を稼ぎたい……。どんな欲求であるにしろ、それをかなえるためには心身の健康が必要です。そして、**現代社会において心身の健康を保**

持するためにはストレスコントロールが必須なのです。

これまで、さまざまなストレス解消法が提唱されてきました。スポーツ、旅行、買い物、友人とのおしゃべりなど、あなたもいろいろやってみたことでしょう。外に向かって発散するそうした方法も悪くはありません。

しかし、**最も重要なのは自分との向き合い方です。**

行動科学マネジメントと根っこを同じにする認知行動療法でも、ストレスから逃げるのではなく、そのおおもとを見つめ行動することにより根本的な解決を図ろうとしています。

認知行動療法がうつ病などの治療法として多く取り入れられるようになったのは、**「行動を変えることで心の困った事態を解決に導くことができる」**と科学的に実証されたのだと言えるでしょう。

心の困った事態は、あなたが弱いからとか意気地がないからという原因で起きるのではありません。まるで根性の問題であるかのように曖昧なとらえ方をしていたことに大きな間違いがあります。

現実を見て行動を起こす。これが、どんな問題も解決する唯一無二の方法です。

目先の快楽に打ち克つには

禁煙したいのに「もらいタバコ」をしてまで吸ってしまう。

ダイエットしたいのに食事を減らせず間食までしてしまう。

英会話を身につけたくて教材を揃えたのに少し聴くと飽きてやめてしまう。

私たちは、自分の願望をかなえるのとは逆の行動をよくとります。

なぜなら、タバコを吸えば一時的にリラックスできます。おいしい食べ物は確実に満足感を与えてくれます。英会話の教材を聴くのをやめれば、聴くために強いられる我慢から解放されます。**私たちは目先の快楽に弱いのです。**

では、もし目先の快楽に勝利して願望をかなえることができたら、あなたは、そしてあなたの生活はどのように変わるでしょうか。

禁煙できれば健康上の不安をぐんと減らすことができます。無駄なお金を使わなくてすみますし、歯の汚れや口臭なども減らせます。

ダイエットに成功すれば、美しい外見を手に入れることができ、生活習慣病を予防できます。やせて魅力的になった自分を、今よりずっと愛することができるでしょう。

教材を聴いて英会話の習得に成功すれば、やりたかった大きな仕事が回ってくるかもしれません。自分は英語が話せないという引け目がなくなり、自信を持って行動できるようになるので、仕事全体のパフォーマンスも上がるでしょう。

「こうしたい」「こうなりたい」をかなえれば、ちょっと考えただけでもこれほどのメリットが生まれます。そのメリットにもっと着目しましょう。

認知のゆがみによる被害妄想はいただけませんが、**目先の快楽に打ち克ったときのことは大いに妄想して結構です。**

「自分はこんなに素敵になっている」という姿を思い浮かべ、紙に書いてみましょう。そしてそれを何度も眺めてみましょう。

目先の快楽に打ち克つには、「人間は続けるのが苦手なのだ」ということを充分に理解したうえで（つまり続けられない自分を責めるのではなく）、**続ける仕組みを用意する**のが一番です。

「不足行動」か「過剰行動」かを見極める

あなたが継続したいと思っている行動は、二つのパターンに分けることができます。

一つは、英会話学習やランニングをするなどの**「不足行動を増やす」**パターン。「○○をやればいいのはわかっているのにできない」というケースです。

もう一つは、タバコや過食などにストップをかける**「過剰行動を減らす」**パターン。こちらは、「○○をやめればいいのはわかっているのにやめられない」となります。

行動科学マネジメントでは、増やしたい不足行動と減らしたい過剰行動を合わせて**「ターゲット行動」**と呼びます。

ダイエットのためのランニングや英会話習得のための勉強といった不足行動がなかなか増えないのは、それらが、長く続けなくては成果が見えないからです。そのため、目先の快楽に負けやすいのです。

このときの「目先の快楽」を**「ライバル行動」**と言います。

たとえば、早朝ランニングに行こうと思っているときの心地よい朝寝。勉強しようと思っているときの好きなテレビ番組。なかなか結果が見えない「不足行動を増やす」という作業よりも、ベッドに潜り込んだり、テレビのスイッチを入れたりするほうを人は選んでしまいがちです。

一方の**「過剰行動」**は、ライバル行動と似ています。喫煙や過食、ギャンブルなど、将来の自分にデメリットがもたらされることがわかっているのに、目先の快感がすぐに得られるからやめられなくなってしまうのです。

あなたのターゲット行動は、足りないから増やしたい「不足行動」でしょうか。それとも不要だから減らしたい「過剰行動」でしょうか。まずそれを明確にしましょう。そこから、10年後のあなたのために、今のあなたを変えていきましょう。

「ABCモデル」でアプローチする

さて、ここで、あなたのターゲット行動について第1章の「ABCモデル」に当てはめて考えてみましょう。できれば紙に書き出してみてください。C（結果）については、いいものも悪いものも出してみましょう。

たとえば、過剰行動の代表格である「タバコを吸う」の場合、「食後には一服する習慣がある」「常にタバコを携帯している」「同僚に一服しようと誘われる」といった、さまざまなA（先行条件）が見つかるでしょう。そして、C（結果）についても「リラックスする」「吸ってしまって後悔する」など人によっていろいろ考えられます。

不足行動の一つ「ランニングする」ならば、「健康診断で異常を指摘された」「太ってスーツが入らなくなった」「友人に一緒に走ろうと誘われた」といったA（先行条件）があり、「走ったらスッキリした」「やせた」「健康になった」「疲れた」などのC（結果）があるかもしれません。

こうして、まずはあなたの状態を客観的に観察します。

そのうえで、あなたのターゲット行動が減らしたい行動、すなわち過剰行動である場合、まずA（先行条件）を取り除き、行動を起こしづらくさせる必要があります。

たとえば、「タバコを吸う」という過剰行動を減らしたいなら、タバコは買わないし携帯しない、家の灰皿は捨てる、愛煙家のそばに行かないといったことをします。

しかし、A（先行条件）よりも影響力を持つC（結果）をそのままにしておいたら、また吸ってしまいます。タバコを吸うことで「リラックスできる」というすぐに得られるいい結果を経験しているため、人からもらってでも吸おうとします。

そこで、「リラックスできる」というC（結果）を得られる「代わりの行動」を用意します。これを**「チェンジ行動」**と言います。

リラックスできるほかの行動、「お茶を飲む」「深呼吸する」「メディテーションする」などなど何でもいいですから自分なりのチェンジ行動を持ちます。

そしてもう一つ、「行動しなかった場合のC（結果）」にも目を向けましょう。タバコを吸わなければ「健康になれる」「お金も貯まる」「人から嫌がられない」といったメリットを強く意識して、よけいな行動をやめていきましょう。

一方、ターゲット行動が増やしたい行動、すなわち不足行動である場合は、喫煙など過剰行動のときとは逆に、A（先行条件）をどんどん設定して、行動できる確率を高めます。

たとえば、「ランニングする」という不足行動を増やしたいときは、「カッコいいシューズを買う」「走るのが楽しくなるようなコースを見つける」「好きな人を一緒に走ろうと誘う」などによって、ランニングをする動機づけを積極的に行うのです。

また、不足行動を増やしてもなかなか出ないいい結果に代えて、**すぐに手にできる目先の快楽を用意しておくことも重要です**。「走り終えたときに飲むためのおいしいドリンクを用意する」「シャワーを浴びるときにいい香りの石鹸を使う」などというご褒美によって、不足行動を継続させていきましょう。

「ストレッチ目標」はかえって自己評価を下げる

システムエンジニアとして会社から期待されていた30代の男性がいます。仮にFさんと呼ぶことにしましょう。

なぜ「期待されていた」と過去形にしたかというと、うつ病になって退社してしまったからです。もともと人よりも機械が好きなIさんは、入社して数年は仕事が性に合っていきいきと働いていました。

ところが20代後半で部下を持ってから、悩みが多くなりました。部下をどう育てていいかわからず、部下はもちろん、上司とも衝突することが増えました。

こうした場合、行動科学マネジメントでは、Iさんにできる小さな行動をとってもらうことから始めます。たとえば、社内では大きな声で挨拶をするといったようなレベルでいいのです。

ところがIさんは、自分を大きく変革したいとあせり、会社帰りにはセミナーや勉強会に通い、自らを追いつめました。

そんなある朝、会社に行こうと玄関で靴を履いていたら涙が止まらなくなり、自分でも「これはまずい」と病院に向かいました。

二人の子どもを持つ主婦のKさんは、ダイエットに励んでいました。無神経な夫から、

「ずいぶん太ったなあ」と言われたのがきっかけでした。夫を見返してやろうと無理な減量計画を立て、1か月に3キロペースで落としていきました。

夫は仕事が忙しく、家で夕食を食べるのは週末ぐらい。だいたい、いつも二人の子どもとKさんで食卓を囲みます。育ち盛りの子どもたちはガツンとしたおかずを欲しがるため、Kさんは自分だけ別のダイエットメニューを用意していました。

その日も、子どもたちは旺盛な食欲を見せ、食べたいだけ食べて食後はスマホをいじり始めました。子どもたちとしては、いつもと同じようにしただけです。しかし、Kさんの中で突然、何かが切れてしまいました。

「いいかげんにしてよ！　少しは片づけなさい」

子どもたちを怒鳴りつけると、油だらけのお皿を床に叩きつけたのです。そのときの子どもたちの驚いた顔に、さらにKさんは傷つきました。

おそらく、IさんもKさんも、自分がどれほど無理をしているか気づいていなかったのでしょう。**どれほど立派な目標を立てようと、途中で挫折したら、かえって自己評価を落とすだけです。**

目標を達成したり、自分を変える過程における鉄則は、決して無理をしないことです。

長く染みついた行動習慣を変えるには時間がかかって当然。焦りは禁物です。

今、多くの企業で従業員にストレッチ目標を強い、個人もまた自分にストレッチ目標を課す傾向にあります。**「ストレッチ目標」**とは、思い切り背伸びをしてやっと手が届くくらいの高い目標のことです。

しかし、行動科学マネジメントではストレッチ目標を安易に用いません。背伸びは数回はできたとしても、必ず限界が来て倒れてしまうからです。引っ張りすぎて切れてしまったゴムひもは、二度とゴムひもの働きができません。**自分を引っ張りすぎない目標設定が大事です。**

もし、無理な目標設定をしているとしたら、「こうあらねばならない」という世間一般の物差しに自分を当てはめようとしている可能性があります。

本来、無理をしたいと思う人はいません。それなのに、世の中の価値観に合致しなければいけないと思うのは、認知のゆがみにほかなりません。

自分軸で無理をすることなく少しずつ変わっていってこそ、その変化が定着します。本気で自分を変えたいのなら、周りの価値観に左右されず、本当に自分がやりたいと思うことだけを少しずつ進めていくことが重要なのです。

「数値化できないもの」は行動ではない

そもそも、ストレッチ目標は、曖昧でいるからこそ立てられるのです。今の自分を明確に把握できていたら、その自分に最も適した目標設定しかできないはずです。漠然と「変わりたい」と考えているから、適当に2割増しや3割増しの目標を立ててしまう。まさに「丼勘定」をしていることになります。

何事につけ、もっと正確な「数値」を用いましょう。

数値ほど信頼できるデータはありません。第4章の「MORSの法則」で説明したとおり、**行動科学マネジメントでは、数値化できないものは行動と認めていません。**

たとえば、社内コミュニケーションを図るための挨拶を増やしたいと考えたとき。「もっと積極的に挨拶しよう」などというのでは、曖昧過ぎます。1日に何回挨拶すればいいのか、今より何回増やせばいいのか、数値で示してこそ誰もが同じように理解でき、同じように行動できます。

ある営業主体の企業で、新入社員の挨拶が問題になったことがありました。

「毎朝、出社したら元気に挨拶しろ」

これが部長の指導でした。ところが、みんなうつむきがちで小さな声しか出しません。営業という仕事柄、挨拶は重要であり、部長は困り果てました。

しかし、この部長の指導こそ曖昧なのです。「元気に挨拶しなさい」の元気とは、いったいどの程度のものなのかが新入社員にはわからないのです。

だから「元気がない」と言われて、今度はやたらと大声を出す人も出てきました。

そこで、この企業がとった策は、音声量を機械で測定するというものでした。理想とする音声量の範囲を「デシベル」で具体的に示し、各人に自分の挨拶音声を測定させました。それによって求められている「元気な挨拶」を全員が理解し、確実にできるようになったのです。

あなたが自分に求めていることは、数値にしてどのくらいのことなのでしょう?

そして今のあなたは、数値にしてどのくらいの位置にいるのでしょう?

毎日、無理なくできることは、数値にしてどのくらいですか?

信頼できる数値で把握することは、いい行動を習慣化するために非常に重要です。自分が目標に向かって変化しているかどうか自信が持てなくなったら、数値で客観的に現状をとらえ、次に打つ手を検討していきましょう。

失敗したときの三つのスタンス

人間に失敗や挫折はつきものです。それを「想定外」にしてはいけません。**失敗や挫折を「受け入れがたいもの」と考えるから不要な落ち込みに見舞われるのです。**

あなたが「自分を変えよう」「目標を達成しよう」と頑張ってきたのに途中で困った状況になったら、傷つくのではなく、そうなった理由を論理的に分析してください。できれば紙に書き出してみましょう。

せっかく3か月も禁煙が続き、「今度こそいけそうだ」と思っていたのに、飲み会の席で隣の人のタバコを1本もらってしまった。それをきっかけに1箱買って、1日で空っぽにしてしまった。

こんなとき、多くの人が「オレはダメな人間だ」と自己批判をします。その自己批判はたいてい投げやりなものです。「この反省を生かして二度と吸うまい」ではなくて、「どうせ吸ってしまったんだから、禁煙はあきらめよう」となるのです。

おかしな話だと思いませんか？

原因はたった1本のタバコにあります。飲み会で1本もらいタバコをしたことがいけなかったのです。だとしたら、これからは喫煙者の隣には座らないなど、もらいタバコができない環境を整えればいいだけの話です。

食べ過ぎにストップをかけたいのに、よく会う友人からいつも食べ放題の店に誘われていたら、それはとても難しくなります。自分と相談し、「今は自分を変えることが第一義だ」という結論に至ったら、その友人に理由を話して、会うのをしばらくやめることも必要でしょう。


いい行動を習慣にしたかったら、それができる環境をつくりましょう。


先日、金融機関で働く女性からこんな相談を受けました。

「仕事のためにどうしても取得しなければいけない資格があり、平日の退社後も週末も勉強をしているのですが、どうしても眠くなってついベッドに入って寝てしまうんです。本当に私って意志が弱くて……。いったいどうすればいいでしょうか」

「困った状況が起きたら、その理由を論理的に分析する」という原則に従えば、解答は明らかです。勉強しているときに、ベッドがある環境に自分を置いているからいけないのです。家を出てカフェや図書館で勉強をすればいいだけのこと。私がそう答えると、彼女は目から鱗が落ちたという顔をして言いました。

「どうして、そんな単純なことに気づかなかったんでしょう」

繰り返しますが、どんなに困難な状況でも「自分はダメだ」と思うだけではまったく意味がありません。**いたずらに自分を卑下するのは認知がゆがんでいるからです。**冷静で客観的な状況分析によって解決策を探り、それを実行すれば、根拠のない認知のゆがみに陥ることはありません。

「感情的にならず論理的に」
「主観的でなく客観的に」
「抽象的ではなく具体的に」

落ち込みの堂々巡りにハマりそうになったら、常にこの三つのスタンスで考え、対策を練りましょう。心が整い、やるべきことに集中できます。

アクシデントに強い人になるには？

人生には、思ってもみなかったことが降って湧いたように起きることがあります。

機械メーカーに勤めるNさんは、大切な商談で地方都市の取引先に向かうため、羽田空港にいました。ところが搭乗手続きをすませてしばらく経ったとき、アナウンスが流れました。機材トラブルのため便が欠航になるというのです。

掲示板を見ると、その地方都市に向かう次の便は2時間も先です。Nさんは焦りと怒りのあまり、カウンターに駆け寄って女性係員に言いました。

「機材トラブルってどういうことなんだ。こっちは大事な仕事抱えてるんだよ。どうしてくれるんだ。航空会社で責任とれるのかよ！」

「大変申し訳ございません。次の便をお取りいただくしか方法がありません」

この言葉にNさんの怒りは頂点に達しました。

「バカな！　それじゃ困るんだよ！　責任者を呼べ、責任者を！」

すごい剣幕に、女性係員は上司の男性を呼びましたが、その回答は同じでした。とにかく次の便を押さえさせたものの、それでは約束の時間に到底間に合いません。Nさんの怒りは収まらず、ヒステリックに抗議を続けました。自分で自分の怒りに油を注いでいるようだと感じながらも、そのときは怒りを目の前の相手にぶつけることぐらいしかできなかったのです。

「まったくふざけんじゃねぇよ。機材トラブルってなんなんだ。何で今日に限って！」

2時間遅れで機内に入ってからも、Nさんはずっと同じことをつぶやき、今日の商談までこぎつけるのにどれだけ苦労したかを思い起こしていました。

「先方になんて謝ればいいいか……」

ここまで思いが至ったとき、Nさんは頭から水を浴びたような気がしました。商談相手に何の連絡も入れていなかったことに気づいたのです。

急いで携帯電話を取り出すも、客室乗務員に強い口調で止められました。

「お客様、ただいま電子機器のご使用は固くお断りしております」

今度ばかりは反論もできませんでした。あまりの動揺にNさん自身が思考停止し、固まってしまったのです。

結局Nさんが電話できたのは、約束の時間を30分以上過ぎてからでした。Nさんが着く頃には、相手は別件のため社を出なければならないとのことで、商談は翌日に持ち越しになりました。商談そのものが流れなかったのは不幸中の幸いでしたが、結局Nさんはまったく無意味に飛行機で往復をすることになりました。

「予定の飛行機が飛ばないとわかった時点ですぐに電話をすればよかった」

Nさんは自分に対して腹を立てるしかありませんでした。

「感情的にならず論理的に」「主観的でなく客観的に」「抽象的ではなく具体的に」

まさにNさんにはこれらのスタンスが欠けていました。乗るはずの飛行機にトラブルが発生したことは、たしかに不運でした。しかし、いくら状況を呪っても飛行機が飛ばないという事実は変えられません。それなのにNさんは過剰な被害者意識でパニックになり、その後の適切な対策をとることができませんでした。そして自分をさらに混乱、動揺させる激情に呑まれてしまったのです。

これからのあなたにどんなことが起こっても、三つのスタンスを忘れないでください。このスタンスで物事をとらえられるようになれば、突発的なアクシデントに強くなり、パニックを避けられるでしょう。

心が整えばいつでも事態を打開できる

デザイン会社で働くC子さんは、クライアントとのコミュニケーションが苦手です。もともと人見知りが激しく、黙々と作業することが好きなのでデザインの仕事を選んだのです。しかし実際に入社してみると、当然ながら社外の人とのやり取りを頻繁にこなさなければなりませんでした。

そんなC子さんにとって、今回のクライアントとのつき合いはとくにつらいものとなりました。案を出してもなかなかOKが出ず、何度やり直しをしても色よい返事がもらえません。それどころか、居丈高《いたけだか》な態度でC子さんの仕事の甘さを突いてくるのです。C子さんはすっかり自信をなくしてしまいました。

こうなると、クライアントに連絡を入れようと思っただけで心臓がドキドキし、気分が悪くなってきます。ある日C子さんは、どうしても電話をすることができず、「まずはお昼を食べてから。そのあとにしよう」と先送りしました。

ランチから帰ったC子さんの机にメモが置かれていました。

「L社の◯◯さんより電話ありました。午前中に連絡を待っていたとのこと。かなり怒っておられるようです」

思い返してみると、たしかに「午前中に」と言われていたかもしれません。でも、いつもあまりにガミガミ言われるのでパニックになってしまい、相手の言うことをきちんと記憶する余裕がC子さんにはなかったのです。

そのメモを見たC子さんがとった行動は、あり得ないものでした。上司に相談するなりして事態打開に動けばいいものを、「もうダメだ」と思い込み、そのまま逃げるように家に帰ってしまったのです。

もちろんC子さんは仕事を失いました。そして、会社にもクライアントにも大きな迷惑をかけることになりました。

アクシデントの際にパニックに陥りやすい人は、パニックに陥っていないながら自分ですべて背負い込む傾向があります。事態を打開するには、別の視点から物事を見られる人の力を借りるか、自分で別人物の役割を担ってあげる必要があります。

たとえば、あなたがホテルのティールームで取引先の数人と打ち合わせをしているとしましょう。テーブルの上には大事な書類が広げられています。そのとき一人の袖口が水の入ったグラスにひっかかり、グラスが倒れてしまった。そんなとき、グラスを倒した当人は頭が真っ白になって慌てふためきます。しかしほかの人たちは案外冷静で、ある人は書類が濡れないように持ち上げ、ある人はウェイターを呼び、ある人はハンカチを出し……というように行動し、たいしたことなくおさまるものです。

あなたの場合も、グラスを倒した当人の立場だったらパニックになっても、そうでなければいろいろ助け船を出せるでしょう。あなたには、そういう能力があるのです。

トラブルがあったときは、**当人視点から客観的視点にシフトすることで心が整い、「今何をすべきか」が見えてきます。**

「すべき」を捨てて「したい」を思い出す

「目標を達成したい」「自分を変えたい」と前向きに生きるのは素晴らしいことですが、人生においては、そんなスタンスでいられないこともあります。

ときには「やりたくない自分」を認めるのも大事なことです。

「自分なりにいろいろやってはみたけれど疲れた。今は何もしたくない」

これも重要なメッセージであり、耳を澄まして聞いてあげる必要があります。

忘れないでほしいのは、**「あなたが何を成し遂げたいか、どう変わりたいかは、今のあなたが決める」**ということです。世間の価値観や流行を基準にして、「○○すべき」と思うことはありません。

あなたが、これまで本当に満足いく人生を実感できていなかったとしたら、そうなれるような行動がとれずにいたからです。

「こんなことをやったら世間の人に笑われるんじゃないか」

「もっとみんなが認めることをしなくちゃ」

世間の価値観最優先で、本当にやりたいことをやらず、不本意なことのために一生懸命になっている人は案外多いのです。

取締役を目指さなきゃ。

マイホームを買わなくちゃ。

結婚しなくちゃ。

語学力をつけなくちゃ。

それぞれ本当に自分のしたいことならすべてやればいいのですが、「○○をしないと世間的に評価されない」などという誤った決めつけは捨ててください。

自分のものではない価値観に縛られ、人生を複雑にするのはやめましょう。

あなたは本当は何がしたいのか？
あなたは本当はどうなりたいのか？
そのシンプルな問いを大事にしてください。

感情を整理してシンプルに行動しよう

思考がシンプルになれば、自ずとストレスは減っていきます。

人は自分で認識する以上にいろいろな荷物を背負っており、自分の思考に多くのよけいなものをくっつけています。

あらゆる生き物の中で人間だけが「体はここにあるのに心は別のところにある」という生き方をしており、「心ここにあらず」が常態化することで、たくさんの弊害が生じています。

動物は、獲物が捕りたいなら迷わず捕りに行きます。交尾がしたいなら明確に相手に合図を送ります。**それがかなうかどうかは、やる前から考えることではありません。**動物は、いつでも「なりたい自分」に向かっています。変わりたいように変わっているのです。

それなのに、最も高等動物であるはずの人間にそれができないとは。

このことだけを見ても、人間ならではの思考のクセが、いかに大きな問題かがわかるというものでしょう。

好調なときも不調のときも、「人間は勝手な思い込みをする」ということを忘れないでください。

どうしてもネガティブになってしまうこと。

悲観的な妄想をしてしまうこと。

人間である自分には、そうした思考が起きやすいのだということを認識したうえで、**日々の中に感情を整理する時間を持ちましょう。**

座禅でも、散歩でも、何でもいいのです。目を閉じるだけでもいいでしょう。

「今、自分は感情を整理していて、ゆがんだ認知から抜け出し、現実に意識を戻そうとしている」

こう思えれば、それで充分です。

1日の終わりに5分でもこうした時間が持てれば、かなりのストレスはあなたから遠ざかっていくことでしょう。それをせずに、ゆがんだ認知のままマイナス感情を抱き続ければ、あなたの明日がいいものになるはずがありません。

第6章

自分で自分を認めるために

「自己効力感」を高める四つのポイント

「できないかもしれない」

「失敗するかもしれない」

こうした思いは、高い確率でそのまま現実のものとなります。自分の中でつくり上げたマイナスの感情に引きずられて、パフォーマンスを低下させるからです。

そして、「やっぱり自分はダメなんだ」と思い込み、さらに自信喪失するという悪循環に陥ります。

一方で、**「できそうだ」と感じることもあり、このときはほとんどうまくいきます。**

私自身、多くの締め切りを抱えているような状況でも、「何とかなる」という根拠のない自信を持てることがあり、そういうときは本当にできてしまうのです。

おそらく、あなたも同様の経験をしたことがあるでしょう。

この「できそうだ」という思いを、心理学の専門用語で「自己効力感」と呼びます。

自己効力感は、いい行動を習慣化して人生を変えていく過程で、とても重要な役割を果たします。

自己効力感は、おもに次の四つのきっかけによって生まれます。

「自己の成功経験」……これまでに同じ行動か似た行動をうまくできた経験があること。

「代理的経験」……自分には経験はないが、他人がその行動をうまくこなすのを見て、自分もできそうだと思うこと。

「言語的説得」……自分にはその行動をうまくできる自信がさほどなくても、他人から「あなたならできる」と言われること。

「生理的・情動的状態」……達成感や喜びによって、生理的状態や感情面で変化が起きること。

何かをしようと考えたら、あなたは、これらの要素を意識して自己抗力感を高めてあげればいいことになります。

なかでも、「自己の成功体験」は最も力を発揮します。かつて英語の勉強をものにした経験があれば、ほかの語学も習得できるという気になるでしょう。

ここで大事なのは、小さなステップでも確実な成功体験を積むということです。大きなことに挑戦して「できなかった」という経験はマイナスにしかなりません。小さなことでも回数多く「できた」と感じることで、自己効力感は増大していきます。その繰り返しが、大きなことを成し遂げるのです。

「代理的経験」によって自己効力感を発現させるには、物事や出来事のとらえ方がポイントになります。

たとえば、同僚が難しい仕事をうまく進めたとき。「何だよ、アイツはできたのか。面白くないな」と考えてしまっては自己効力感がダウン。なぜなら**「面白くない」ということは、その時点で「自分はできない」ことが前提になっているからです。**

「そうか、アイツにできたんだからオレにもできそうだ」と思える人は、ほかの人たちの成功をちゃっかり自分の成長材料にできます。

「言語的説得」にもこれと似た側面があります。「あなたならできる」と言ってもらうことで素直に自信をつける人もいれば、ゆがんだ認知で悲観的かつ自虐的に解釈する人もいます。

「そう？　そうか、私できるかもね！」

「おだてられてもダメ。自分の実力は自分が一番よくわかってるから」

どちらの考え方が得かは、説明するまでもありません。

達成感や喜びによって「生理的・情動的状態」を生じさせるには、何かを成し得ることが必要になります。これもまた「自己の成功体験」と同様、大きなことにばかりチャレンジしようとすると、ハードルの高さゆえ、なかなか得られません。**小さなことを確実に成功させて「いい気分」になれることが求められます。**

こうして見ていくと、自己効力感を高く保つには、**「すぐその気になる」**人が有利だということがわかります。あなたは、もっとおっちょこちょいでいいのです。

「感覚」に頼るのをやめる

「どうせ、ダメに決まっている」
「また失敗したらどうしよう」
「できなくて恥をかきたくないな」

こうしたさまざまな心の葛藤から抜け出し、具体的に自分がとりたい行動を起こしたあなたは、その後どう変わっていくでしょうか。

一口に「行動を変える」と言っても、一足飛びに成果は出せません。長年染みついた悪い行動をいい行動に変えるには、認知のゆがみを正し、目の前のことに集中し、焦らずに少しずつできることを積み重ねるというステップが必要です。

これまで何度も述べてきたように、あなたが目標を達成できなかったり、変わりたくても変われなかったのは、やる気や根性などという実体のないものを拠り所にしていたからです。

根拠のない感覚的なものに頼ろうとすると、いい行動を妨げている根本的な問題から目をそらしがちになります。解決しなければならないことを先送りにし、「自分は頑張っているんだからこれでいいはずだ」と間違った方向に突き進むことになります。ところが根本的問題はいぜん残っているので、また同じ問題にぶち当たり、八方塞がりになります。

根本的な問題から目をそらし、がむしゃらに進もうとするのはなぜなのでしょうか？

道を急いで、いっぺんに何かを成し遂げようとするのはなぜなのでしょうか？

いたずらにゴールを急いで走り出せば、道選びを間違えて途中で引き返すことになるということを、あなたも経験的にわかっているはずです。急いだ結果、振り出しに戻るのは終わりにしましょう。

もうそろそろ、それをやればやるほど時間をムダにするということを正しく認識しなくてはならない時期に来ています。

小さな行動を積み上げることこそが、遠くの目的地に到達するただ一つの方法です。

小さな行動をとっていると、不安が頭をもたげることもあるでしょう。「こんなスローペースで本当に目標を達成できるのだろうか」と。

そんなときは、不安を曖昧にせずに具体的に分解し、向き合いましょう。

スローペースと感じるのはなぜか？

何月までにいくつのことをやらなければ間に合わないのか？

慣れてきて、ペースがアップしていく可能性はないか？

今はこのペースで続け、3か月後に見直してはどうか？

ペースをアップするために、手助けツールを使う方法はないか？

こうして具体的に見ていけば、必ず解決策が見つかります。

不安は漠然と抱いているから何かとても大きなことのように感じるのです。

思うように行動し、なりたい自分に変わり、満足できる人生を構築していくために、もっと自分と相談しましょう。

「人間関係」も行動でできている

人間関係は、常に私たちを悩ませる大きな要因となっています。会社で感じるストレスも、仕事そのものに起因しているものは少なく、ほとんどは人間関係によるということがわかっています。

思うに、みんな人間関係を難しく考えすぎているのです。

人間関係とは、そこにいる人たちの行動の集積にほかなりません。

たとえば、あなたの職場がギスギスした雰囲気だとしたら、そこにいる人たちがギスギスした「行動」をとっているからそうなるのです。仏頂面で挨拶したり、不親切なメモを残したり、陰で悪口を言うような行動をとっているからそうなるのです。

ところが、多くの人は「相性が悪いからだ」と考えます。性格的に合わないからギスギスするのだと。でも、それは逆なのです。**あえて相性が悪くなるような行動をとっておきながら人間関係に悩んでいるというのが本当のところです。**

このことに気づけば、人間関係は一つも難しいものではなくなります。あなたの行動いかんで、いかようにも変えられるということです。

思い起こしてみてください。あなたが、これまで悩んできた人間関係は、ほとんどが受け身のものではなかったでしょうか?

「部長が何かにつけ文句を言ってくる」

「近所の奥さんが私を悪く言っている」

「若い部下がオレを煙たがっているようだ」

つまり、あなたは、自分と合わない人たちに対して、自分と合うように変わってほしいと思っていたのではありませんか?

それは無理な話です。人を変えることはできません。**あなたが変えることができるのは、あなただけなのです。**

かつて第一生命では、職場の人間関係に関するアンケート調査を行っています。そこでは、「上司や部下と飲みに行きたい」と積極的に考える人たちの理由は「人間関係を築くため」というのが主であるのに対し、「行きたくない」と考える人たちの理由は、「話がつまらない」「お金や時間がもったいない」などというものであることがわかりました。

この結果を見て私が注目したのは、**「いい人間関係を構築したい」と考えている人たちは、文句を言うより先に自分から積極的に相手と関わろうとしているということです。**

いつでも主導権はあなたにあります。好転したい人間関係があるなら、相手に期待するのではなく、そこにおける自分の行動を好ましいものに変えることが一番です。

そしてもちろん、その行動は小さなことでいいのです。

笑顔で挨拶する。

時間を守る。

悪口を言わない。

自分ばかりしゃべらないで人の話を聞く。

つまり、あなた自身が人からされて嬉しく思うことをするだけでいいのです。

それを「なんで私からしなくてはいけないの？　感じが悪いのは向こうなのに」と思っていたら、その関係は未来永劫、改善しません。

「いい人間関係を構築するために、あなたの行動を変える」ということは、他人軸になるということではありません。**あなたが決定権を持つということです。**

自分は何ら行動を起こそうとはせずに、「あの人嫌だな」と思っていることこそ、他人軸で生きているということです。そこを間違えないようにしてください。

あなたは、人間関係の舵取りを自分でしたくありませんか？

受け身で「嫌だな」と思っていたことを、自分の舵取りでいい方向に向けたくはありませんか？

人間関係とは、そこにいる人たちの行動の集積。いい行動を集積したかったら、まずはあなたがそうした行動をとれば、必ず周囲の人たちの行動も変わっていきます。

感情は本質と関係ない

企業において、ある一定の部下とうまくいかない上司について調べてみると、顕著な傾向が見てとれます。その上司は、ほかの部下たちと比べて、うまくいかない部下との接触回数が明らかに少ないのです。

しかしそれを指摘すると、上司は「そんなことはない」と反論します。上司なりに、苦手な部下ともコミュニケーションをとっているつもりなのでしょう。

そこで私がアドバイスをしている企業では、実際に計測してもらいます。「Aさんと挨拶した」「B君とエレベーターの中で会話を交わした」など小さな接触について、計測し記録をつけてもらいます。すると接触回数にはっきりとした違いが出ます。ここまでやってはじめて、上司は自分の行動に偏りがあったことに気づくというわけです。

それを認識してもらったうえで、うまくいかなかった部下との接触回数を意識的に増やしてもらうと、関係は改善していきます。

これが人間関係の本質です。何も複雑なことはありません。

あなたに誰か苦手な人がいるなら、その人との接触回数を増やしさえすればいいのです。小さな接触でいいので、こちらから話しかけたり挨拶をする機会を増やせば、その関係は簡単に好転します。

上司が飲みに誘ってくれたら、たまにはつき合ってみましょう。嫌だと決めつけずに行ってみたら、案外、楽しい時間が過ごせるかもしれません。お互いの誤解も解けるかもしれません。

思い込みから脱却して小さな行動をとってみる。これが、あなた主導で人間関係を変えていくポイントです。

「優先順位」よりも「劣後順位」を大切に

自分軸で人間関係を構築できるようになれば、周囲に間違った気を遣うこともなくなります。「断るべきは断る」という作業もできるようになります。

私たちに与えられた時間には限りがあります。あなたが自分の生きたいように生きられなかったり、自分を変えようと思っても変えられなかったりしたのは、限られた時間の中に本来やらなくてもいい行動が多く入っていたからかもしれません。

本当にあなたにとって望ましい行動を増やして、やりたいことに積極的に向かっていける環境を整えましょう。

環境を整えるにあたっては、「優先順位」よりも「劣後順位」を念頭に置いてください。劣後順位とは、捨てるものを先に決めるやり方です。私たちは何事も優先順位で決めようとしがちですが、「何を取るか」より「何を捨てるか」を先に決めたほうが効率的に行動できます。

たとえば、あなたに10個の仕事があったとき、優先順位で考えると順番は振ったにしろ最終的に10個のことをやろうとします。でも、実際には10個をやる時間はないから、「やり残してしまった」という思いが募ります。だから達成感も得られにくいし、いつももやもやした気分が晴れません。

劣後順位なら、できない分は先に捨ててしまいます。どう考えたって6個やる時間しかないなら、まず4個を捨て、残った6個に順番をつけます。だから、非常に明確で動きやすくなります。

そもそも、私たちはやる必要がないことを抱え込みすぎるのです。

責任感が強いのはいいことですが、「自分がやらねばうまくいかない」というのは思い込みであることがほとんどです。

たとえば、あなたの仕事の中に、後輩や部下に任せられることはないでしょうか。あるいは、人の噂話ばかりで得るところの少ない会合に大切な時間を使っていないでしょうか。劣後順位で物事を判断できるようになれば、そういうよけいなものを簡単に手放していけます。

これからは、「おそらく、やったほうがいいんだろうな」という曖昧さから脱却し、断ることも覚えましょう。劣後順位で「捨てていい」に入った項目に未練を残す必要はありません。

自分の持ち時間を最大限有効に使わなければ、目標を達成することも、自分を変えることもできません。ごちゃごちゃになっているタスクを整理してシンプルにし、必要な行動に集中しましょう。

「時間の支配」から抜け出す考え方

時間は人生そのものです。あなたにも私にも、1日24時間という時間が平等に与えられています。

あなたは、自分の目標を達成しようと、自分をよりよく変えようと努力し、大切な時間をそのために使おうとしています。しかし、「1分1秒もムダにしない」などと意気込むのはやめておきましょう。**自分の時間は自分の幸福のために使うのであり、時間に支配されてはいけません。**

私もたくさんの仕事を抱えてはいますが、夕刻になればお酒を飲みます。友人と一緒にわいわい飲むこともあれば、自宅で一人のんびり飲む日もあります。そのために使う時間が2時間だとしたら、1年で700時間以上飲んでいることになります。でも、その時間をムダだなどとはまったく思いません。1日の終わりに飲むお酒は、私にとってとても価値のあるものなのです。

もちろん、これは私個人のケースです。お酒が嫌いな人が、酒飲みにつき合って毎晩2時間を消費したら、それはムダもいいところでしょう。基準はあくまで自分にあります。

あなたは何が好きなのでしょう？

旅行好きなら、旅行に費やす時間をムダだと思ってはいけません。その時間を我慢して勉強しても、それは何のための勉強でしょう？

私たちは必ず人生を終えます。突き詰めるところ、致死率１００パーセントです。だから投げやりでいいというのではありません。だからこそ、限られた人生を一人ひとりが輝かせる必要があるということです。

そのためには**目標を達成しよう、よりよく変わろうという前向きな姿勢と、今を最大限楽しむことのバランスが重要です**。このバランスがとれない人は、早晩行き詰まり、結局思うような人生を送れなくなります。

タイムマネジメントはアプリで

自分軸で生きる。本当に自分の望む人生を送る。その重要性は漠然とは理解できても、実際の行動となると、まるで逆をやってしまう人がいます。人生そのものである時間を、どう配分していいかわからないのです。

とくに今の若い世代は、幼い頃から親の敷いたレールに乗って大切に育てられたために、なかなか自分の価値観を明確にできないようです。

その時間が、自分にとって本当に必要なものなのか、あるいはそうでないのかを見極めるために、ツールを用いるのもいいでしょう。

たとえば、スマートフォンの「Timenote」というアプリケーションを使えば、自分の時間の使い道を記録し、客観的に把握することができます。

何か行動をとるときに「仕事」「食事」「睡眠」「移動」「情報収集」「娯楽」などのアイコンをタップするだけという簡単な操作ですが、しばらく続けていくと、どの行動にどれだけ時間を使っているかを円グラフ化して見ることができます。月はじめに各行動の時間配分の目標を記録しておき、月末にその達成度を数値で見るといったことも可能です。

このようなツールを使うと、価値のないムダな時間の洗い出しが容易にできます。「リラックスの時間として、お酒を飲むことは自分に必要だけれど、ネットを見る時間は少なくしたほうがいいな」といったように、一つひとつ納得したうえで行動を取捨選択できるのです。

ムダな時間を見極めるためにできることは、ほかにもいろいろあります。

たとえば、いつも見ているテレビ番組を録画するというのも一つの方法です。放映時間になったからと習慣的にテレビの前に座れば、まとまった時間を消費してしまいます。ところが、録画してみると案外あとから見ることはなかったりします。

あとで見なかった番組は、実はもともと見る必要がなかったものということになりますが、リアルタイムだとつい最後まで見てしまうばかりか、見るつもりのなかった次の番組までぼんやり眺めてしまうことになりかねません。

録画なら倍速で見ることもでき、間違いなく時間の節約になります。これからは、よほど緊急性の高い番組以外は録画する習慣をつけてみてはいかがでしょう。

時間の節約法を、あなたなりにいろいろ考えてみましょう。

繰り返し確認しておきますが、それは「1分1秒ムダにしない」というスタンスで行うのではありません。**「本当にやりたいことのために、いらないことに費やしている時間を回す」**ということです。

※「Timenote」 時間版の家計簿アプリ。自分が何にどれだけの時間を割いていたかをグラフで理解できます。履歴も残るので時間の使い方を見直すために有効です。有料版のみです。

「お金以外の報酬」をどうやって自分に与えるか

いい行動を継続させるためには、その行動をとることでいい結果が与えられることが重要だということはすでに述べてきました。そして、そのいい結果が「すぐに」「確実に」与えられないと、どうしても継続が難しくなるということも。

あなたが小さな行動をとりながら自分を変革していくにあたっては、「すぐに与えられるいい結果」や「確実に与えられるいい結果」として、自分への報酬を用意する必要があります。

報酬と言われてすぐに思い浮かぶのはお金です。しかし、**私たち人間を動かすのは金銭的報酬よりも、むしろ金銭を伴わないものです。**

その典型は**感謝と称賛**です。

「キミのおかげだよ。ありがとう」

「よく頑張ったね。さすがだね」

こんなことを誰かから言われたら、あなたはノリノリでいい行動を続けるはずです。

あなたの目標達成について、あなたの自己変革について、誰か応援してくれる人がいるなら、ちょっとしたことを大いに褒めてもらいましょう。

自分に与える報酬は、あらかじめ用意しておくこともできます。

私がよくやるのは、スケジュールに楽しい予定から入れることです。年間スケジュールを立てるときに、私はまず旅行など遊びの計画を書き入れます。そして、空いているところに仕事を入れていくのです。

楽しい予定を先に入れれば、それを実現させるために効率よく仕事を片づけようとするし、モチベーションも高く保つことができます。

置かれている立場によってなかなか自由がきかないという人もいるかもしれませんが、**楽しみを優先することは、望ましい行動を継続させるためにとても効果的です。**

「時間ができたら◯◯しよう」と思っていても仕事はいくらでも発生するので、結局、楽しい時間を持てないまま走り続けることになります。すると、**だんだん不幸感や被害者意識が強まり、燃料切れを起こして立ち行かなくなってしまいます。**

多くの人が、これまでこうして厳しい状況に自らを置いていたにもかかわらず、目標を達成できずにいたし、変われなかったし、ずっとつらい思いをしてきたのです。もっと自分を楽しませてあげましょう。

いい習慣をものにする「5分行動」

私は走ることが趣味で、100キロマラソンや世界一過酷と言われるサハラマラソンを完走した経験を持っています。

しかし、もともと運動習慣があったわけではありません。以前は体に余分な贅肉がついていたし、駅の階段を上っただけで息切れすることもありました。

こんな私がある日、「マラソンを走ってみたい」と思いました。そう、変わろうとしたわけです。

でも、そのときすでに40歳を過ぎていましたから、本当にできるかどうかまったく自信はありませんでした。周囲の人たちも、多くが「やめておけば」と言います。

そこで専門家に相談すると、「できる」という答えでした。そしてそのときにアドバイスされたのが、まさに「小さなことから始める」というものでした。

「まずは週に2回、30分ずつ歩いてみましょう」

かなり頑張らなければいけないのではと身構えていた私は、正直「そんなんでいいの？」と感じました。でも、言われたとおり週に2回30分歩くことを続けていたら、追加の指示が出ました。

「では、30分のうち、5分だけ走ってみましょう」

それができるようになると、走る時間を10分、15分と延ばしていき、最後には30分間すべて走り通せるようになりました。

「30分、ずっと走ることができた！」

運動習慣がなかった私にとって、そのときの達成感はすごいものがありました。達成感に背中を押された私は、やがて、10キロマラソンを走れるようになり、ハーフマラソンを経て、とうとうフルマラソンも完走できるようになりました。その成功体験が100キロマラソン、サハラマラソンまでも完走させてくれたのです。

当たり前のことですが、私が最初からサハラマラソンを走ろうとしていたら絶対に無理でした。途中で挫折して、悪い思い出しか残らなかったでしょう。小さなことを積み重ねたからこそ、私は変わることができたのです。

何度も述べてきたように、**行動科学セルフマネジメントでは、無理をすることは禁物です**。

1日5分でもいいのです。5分でいいから行動に移しましょう。ダイエットをしたい人が**1日3時間「やせたい」と考えても体重計の数値は変わりませんが、5分歩けたら結**

果が変わります。

「5分歩いたくらいでやせるはずないでしょ」と思うのは間違いで、小さな行動に成功し、それを積み重ねていくことは確実にいい結果をもたらします。

まずは5分、何かできることはありませんか?

その5分を1か月続けられたら、あなたは確実に変わります。

人生は必然

私たちの感情、感覚というものは常に揺れ動いており、確たる自分の軸を持っていると思っていても、ちょっとしたきっかけでブレてしまいます。そして、そうした感情の乱れによって、自分でも気づかないうちに世間や他人を基準にして物事をとらえたり、事実と異なる思い込みの妄想世界を繰り広げたりするのはよくあることです。

こうしたブレを放っておくと、せっかくのあなたのいい行動が集積されず、人生がどんどん間違った方向に動いてしまうので注意が必要です。

これからは、**定期的に自分の人生をチェックする習慣を持ちましょう**。その方法はあなたならではのもので結構です。

前述したライフログの手法を使って日々の行動を目に見える形で記録しておくと、この作業にも非常に役立つでしょう。

あるいは、行動科学マネジメントの重要ツールであるチェックリストを用いてもいいでしょう。曖昧に振り返るのではなく、チェックを入れながら具体的に自分を見直してみましょう。私は、**「人生は必然」**だと思っています。

いい結果が出たならいい行動が集積されていたのだし、そうならなかったら、何か原因があるはずです。

１日５個の英単語を覚える習慣を持っている人は、１年後には１８２５個の英単語を覚え、５年後には９１２５個の英単語を覚えます。もし、そうなっていないとしたら、どこかにミスが起きているのです。それを探しましょう。

ミスが見つかったら、それに対する後悔や落ち込みは厳禁です。「ここにミスがあった」という事実だけに着目し、それを正せばＯＫです。**物事をあえて複雑にするのはやめて、いつもシンプルにいきましょう。**

ページを閉じた瞬間からはじめてください

さて、そろそろ本書を閉じていただく時間が迫ってきました。

本書をとおして私は、人間には認知のゆがみが生じやすいということを述べてきました。それによって、あなたが目標を達成したり、自分自身を変えていくことに自らストップをかけているのだということも。

あなたがやりたいことをやり遂げて、なりたい自分に変わっていくために必要なのは、意志の強さではなく、小さな行動だと説明してきました。

しつこいくらいに繰り返してきたので、あなたも理解してくださったはず。もう同じことで苦しまないですむという自信も芽生えているのではないかと思います。

そんなあなたに、最後にお願いしておきたいことがあります。

「明日から」を禁句にしてください。

本書を閉じて、あなたは何をしようと考えていましたか？

「今度こそ、英語の勉強に本格的に取り組もう」

「誰にでも自分から挨拶できるようになろう」

「絶対に禁煙してみせる」

いろいろあることでしょう。それをいつから始めますか？

「明日からやろうと決心した」なんて言わないでください。

「明日からやろう」と言う人の「明日」は、おそらく一生やって来ません。

明日から三つのことをやろうとするぐらいなら、ハードルを下げて今すぐ一つのことをやりましょう。そして「できた！」と喜んでください。達成感を感じ、自分自身を認めてあげてください。その瞬間、あなたは変わり出すのです。

目標を達成したり、自分が変わるための行動を、世間の価値観ではなく自分軸で決めることができた。

その行動が、やたらと立派なものでなく、すごく小さなものであることを受け入れることができた。

そして、あれこれ理由をつけずに、今やることができた。

そんな自分を嬉しく感じ、褒めてあげることができた。

ここまできたら、あなたは何だってできるし、いかようにも自分を変えていけるでしょう。

石田 淳（いしだ・じゅん）
ウィルPMインターナショナル社長兼CEO、社団法人組織行動セーフティマネジメント協会代表理事、日本行動分析学会会員、米国行動分析学会会員。「行動科学マネジメント」の専門家として、ビジネスパーソンが成長し、成果を上げる科学的手法を説く。
日経BP「課長塾」をはじめ、多くの研修・セミナーで講師を務め、人気を博す。『教える技術』（かんき出版）、『「続ける」技術』（フォレスト出版）など著書多数。
行動科学マネジメントの理論をマラソンのトレーニングにも自ら応用し、2012年サハラ砂漠マラソンを完走。2013年は南極アイスマラソンに挑む。

人生《じんせい》を変《か》える行動科学《こうどうかがく》セルフマネジメント
自分《じぶん》を変化《へんか》させるたったひとつの方法《ほうほう》

2013年8月1日　第1刷発行

著者――――――　石田《いしだ》　淳《じゅん》
発行者――――――　佐藤　靖
発行所――――――　大和《だいわ》書房
東京都文京区関口 1-33-4
電話　03-3203-4511

編集協力――――　中村富美枝
装　丁――――――　木庭貴信（オクターヴ）
本文デザイン ――　松好那名（matt's work）

カバー印刷――――　歩プロセス
本文印刷――――　信毎書籍印刷
製本所　――――　ナショナル製本

ISBN978-4-479-79401-1

http://www.daiwashobo.co.jp